Denise Crolle-Terzaghi

1001 secrets de Noël

prat éditions

Imprimé sur papier 100 % recyclé

Division de Reed Business Information - SAS au capital de 4 099 168 €
Forum 52 - 52, rue Camille-Desmoulins, 92448 Issy-les-Moulineaux Cedex

Président : Antoine Duarte - Directeur de publication : Antoine Duarte
Actionnaire principal : Reed Elsevier France

Composition : Maryse Claisse

ISBN : 978-2-8095-0204-6
ISSN : 1771-9895

Les Noëls de mon enfance furent d'exquis moments de bonheur.

Ma grand-mère, que j'appelais tendrement « Grand-maman », savait saupoudrer de féerie chaque instant qui précédait les fêtes. Elle cuisinait les recettes les plus gourmandes en me contant des légendes venues du fond des âges. Un voyage imaginaire qui m'a menée de France jusqu'aux confins de l'Europe et de la Russie.

Là-bas, j'ai croisé Kerstin, Claire, May et Heidi mais aussi Emilia, Nana et Dasha. Chacune a su me régaler des coutumes et des mets succulents de son pays pour que Noël, en un festival d'idées et de saveurs, se conjugue d'un même accord dans toutes les langues.

Puisez dans ce livre tous les secrets qui feront de votre Noël un fabuleux souvenir. Tirez quelques astuces de la hotte du Père Noël et retrouvez l'essence de votre âme d'enfant.

Que Noël, dans la blanche quiétude de l'hiver, envahisse votre maison !

Denise Crolle-Terzaghi

Décembre s'annonce, Noël s'installe

En « avent », Noël n'attend pas !

Allons au marché, bottes de Noël aux pieds 4
Ce calendrier de l'avent qui fait patienter les enfants 10
Lumineuses couronnes de l'avent 15
Cher petit papa Noël, aujourd'hui, je t'écris… 17

Dans la frénésie des préparatifs

Mon beau sapin ! 22
Le décor se met en boules 30
La crèche et les santons sortent des cartons 34
L'échappée belle de Noël 37
Le bois dans tous ses états 39
Dedans, dehors, les bûches font la fête 43
Des jouets à deux francs six sous 45
Petits papiers bien détournés 48
Les bonshommes de neige se prennent aux jeux d'hiver 50

La trêve des petits confiseurs bricoleurs

La bonne odeur du pain d'épice 56
La forme fait le biscuit… et tout ce qui s'en suit 60
Saveurs tout chocolat 63
Des gâteaux de légende en habits de fête 65
À croquer, les fruits déguisés ! 69
Coup de pâte à sel 72

À petits pas, Noël approche

Une fête de Noël qui « conte » !

Ô grand Saint Nicolas, mon bon Saint Nicolas... 80
À la Sainte-Lucie, fêtons la lumière ! 84
Tante Arie, mère Noël et fée des logis 87

De fenêtres en toits de fête

Accrochez Noël à votre porte 92
La magie de Noël s'installe aux fenêtres 97
Noël s'accroche au balcon 101
Petits flocons d'hiver 103
Ma cheminée en tenue de soirée 107
Chaussettes de Noël et petits souliers coquets 110
Le motif fait la frise 114

En secret, les cadeaux se préparent

Noël se fête aux quatre coins du monde

Je « vœux » pour vous la plus belle des cartes 120
Comme un tableau, les cartes s'exposent 125
Étiquettes et bouts de ficelle 128

Les paquets se mettent sur leur trente et un

Les cadeaux de Noël, ça m'emballe. 134
Idées toutes enrubannées. 138
Tissus noués, c'est empaqueté 139

Un cadeau pour chacun

Des présents de petits riens. 142
Surprises à dévorer des yeux 146
Il suffit d'un tout petit peu d'argent 153
Or mis, l'effet brillant prend le dessus 156
Noël à petits points 159
Un concentré de senteurs 161
Petits pouces verts magiciens 164
Un petit geste pour n'oublier personne 166
Repas pour les oiseaux 169

C'est la belle nuit de Noël

Petit papa Noël, quand tu descendras du ciel…

Pour croire encore et toujours au Père Noël 176
À la veillée, petites histoires, jolies coutumes 179
Lumière enchantée 183
Barbe blanche et habit rouge 186
Hotte pleine, papa Noël court sur les toits 188
Sons de grelots au royaume des lutins 191

Réveillonnez, carillonnez, Noël s'invite à table

Chut ! Un ange passe 196
D'ores et déjà la table est mise 200
Rouge rubis pour un Noël écarlate 202
Un Noël de glace et de givre 204
Table d'un jour éphémère 207
Nos palais font la fête 209
Seul, à deux, à trois et même plus, pourquoi pas ? 214
13 desserts comme en Provence 217
Minuit sonne ! La joie résonne 220

Après Noël, c'est encore Noël

À l'aube de l'an neuf

Adieu le sapin, bonjour l'an neuf 226
Un réveillon bien pensé 230
Bulles et bonne chair 231
Que la nuit pétille ! 238
Au bonheur du gui 242
Des étrennes pour les plus sages 244

L'épiphanie en fête

Hommage aux trois Rois mages 248
Babouchka et Befana 251
Toi, toi mon roi 253

Tour du monde des rites insolites

Étranges histoires, curieuses coutumes

De vieilles croyances dans nos provinces 260
En Norvège, en Islande 262
En Allemagne, en Autriche, en Suisse, en Belgique 264
En République tchèque, en Pologne 266
En Écosse, au Danemark 267
En Italie 268

Au Portugal, en Grèce, à Chypre 270

« Joyeux Noël ! », « Bonne Année ! » :
les mots pour le dire autrement. 272

Quel temps fera-t-il à Noël ? 278

Bons et mauvais présages. 281

Vos astuces de Noël à vous

Décoration 288

Cadeaux 291

Recettes gourmandes 294

Activités 298

Cartes de vœux 300

Lexique 302

Index. 304

Décembre s'annonce, Noël s'installe

Des Noëls de mon enfance, je garde le goût des bonnes et belles choses qui emplissent la maison dès les premiers jours de décembre : l'odeur des petits biscuits qui mitonnent dans le four, l'indispensable sapin encore saupoudré de neige et les lumières qui scintillent sur un ciel étoilé. Rien n'était plus magique que ces jours d'attente à préparer Noël ! Au coin du feu ou dans la neige, on fabriquait du bonheur avec des petits riens et chaque instant se parait de merveilleux.

E.M. Harding

En « avent », Noël n'attend pas !

Allons au marché, bottes de Noël aux pieds 4

Ce calendrier de l'avent qui fait patienter les enfants 10

Lumineuses couronnes de l'avent 15

Cher petit papa Noël, aujourd'hui, je t'écris... 17

Allons au marché, bottes de Noël aux pieds

emplettes de saison

« Dis, Grand-maman, tu m'emmènes au marché de Noël ? » J'ai 5 ans, des étincelles dans les yeux et j'attends avec impatience la visite promise par ma grand-mère alsacienne. Jamais elle n'a failli à la tradition. Au ***marché de Noël***, nous irons chercher le sapin et la couronne de paille à décorer. Nous rapporterons des boules de verre parsemées de paillettes, des guirlandes échevelées aux reflets mordorés et des bougies au miel. Et si je suis sage, Grand-maman a promis de glisser dans mon panier un petit cochon en pain d'épice et même un petit ramoneur en sucre pour me porter bonheur.

Ma grand-mère a souri. Mes yeux se sont plissés… en amande, comme un présage de mille gourmandises et mille joies de Noël à venir !

visites du marché de Noël

Pour découvrir les marchés de Noël, plusieurs visites ajouteront à la magie du lieu. Ça sent si bon le miel, les épices et le caramel. Tous les enfants adorent. C'est ici qu'ils égrènent en catimini leur liste de cadeaux. Partez en éclaireur ***le matin*** dès l'ouverture des cabanes en bois. C'est le moment le plus propice pour s'approcher facilement des stands, rencontrer les artisans, repérer les cadeaux et goûter aux spécialités locales. Mais, malgré l'affluence, retournez-y ***à la tombée de la nuit*** quand le ciel se teinte d'encre et que les lumières de Noël le constellent de mille étoiles.
En compagnie des enfants, écoutez les mélodies de saison, humez les épices, l'odeur des petits biscuits, promenez-vous entre les étals décorés de sapin et de houx… Fermez les yeux un instant et laissez-vous ensorceler.

équipement

Les enfants sont les premiers partants pour une balade nocturne. Mais un bon pull et des chaussures de marche ne seront pas superflus un soir d'hiver. N'oubliez pas d'emporter également avec vous un grand sac à dos pour y rassembler vos emplettes, et coiffez toute la famille du

traditionnel bonnet rouge du Père Noël… il tiendra chaud aux oreilles et fera un clin d'œil au vieux bonhomme à barbe blanche dont les enfants raffolent !

pense-bête utile

Pour vous repérer dans la foule, pourquoi ne pas agrémenter vos couvre-chefs de quelques signes distinctifs ? Collez ou cousez à grands points quelques étoiles sur les bonnets pour pouvoir distinguer facilement votre tribu au milieu des badauds.

Pensez aussi à glisser un petit billet avec vos ***nom et numéro de portable*** dans la poche des plus petits et gardez votre téléphone à portée de main en cas de besoin.

promenade ludique

Et si vous vous laissiez tenter par une promenade en ***calèche*** ou à ***dos d'âne*** ? Emmitouflé dans son manteau rouge, le Père Noël attend, prêt à vous faire découvrir le marché de Noël en sa compagnie. Qui a dit qu'il n'existait pas ?

boisson de Noël à emporter

Ah qu'il est bon le ***jus de pommes à la cannelle*** ! J'en garde encore le goût aux lèvres et le souvenir du gobelet en carton qui réchauffait mes petites mains. Pour prolonger la mémoire de ce moment unique, je vous livre ma recette. Versez dans une casserole 1 litre de jus de pomme. Faites chauffer à feu doux. Au premier frémissement, baissez le feu et ajoutez 2 bâtons de cannelle et 4 clous de girofle. Laissez frémir pendant 5 minutes sans faire bouillir. Vous pouvez aussi supprimer les clous de girofle et les remplacer par un jus d'orange ou de clémentine pressée et une grosse cuillerée de miel. Versez dans des tasses, dégustez et appréciez ! C'est Noël !

Pour éviter le moindre résidu, n'utilisez pas de cannelle en poudre mais uniquement en bâtons.

vin chaud à déguster

Sentez-vous cette bonne odeur d'épices qui flotte entre les étals ? Ici de la cannelle, du gingembre, des clous de girofle, de la coriandre, là de la cardamome, de la muscade, de la badiane. Il suffit d'une pincée de chaque épice réduite en poudre pour préparer un vin chaud divin et revigorant ! Essayez la traditionnelle recette de ce breuvage typique de Noël. Mélangez à 1,5 litre de bon vin rouge (bordeaux, bourgogne ou pinot noir), 250 g de sucre roux, 1 zeste de citron et 1 zeste d'orange. Saupoudrez d'une pincée d'***épices de Noël***. Portez lentement à ébullition. Au premier bouillon, baissez le feu et laissez frémir doucement pendant 5 minutes. Filtrez à l'aide d'une passoire et servez très chaud dans des verres garnis d'une rondelle d'orange. Un vrai délice !

De son village de Suède, mon amie Kerstin m'a rapporté une recette tout aussi délicieuse. Dans du vin blanc moelleux (muscat, sauternes), elle ajoute une orange entière non traitée coupée en rondelles, du sucre roux et une pincée d'épices de Noël. Mmm ! que c'est bon !

collection

Prolongez la magie de Noël après les fêtes en vous constituant une collection de ***verres à vin chaud***. Consignés lors de la consommation de cette boisson, vous pouvez les acquérir en abandonnant l'euro laissé en dépôt. Bien des marchés impriment leurs propres dessins sur les chopes et les renouvellent chaque année. Et si Noël durait plus longtemps que l'hiver ?

Ce calendrier de l'avent qui fait patienter les enfants

spécial enfants sages

Noël n'arrive jamais assez tôt ! Pour faire patienter les enfants, empruntez la bonne idée de ce père de famille allemand qui, au XIXe siècle, sans le savoir, inventa le premier calendrier de l'avent. Pour inciter ses enfants à faire une bonne action, il leur offrait une image pieuse chaque matin.

Remplacez les images d'antan par des ***bons points***. Choisissez des thèmes chers aux enfants : comptines d'animaux, princesses et fées, animaux de la ferme, dinosaures. Glissez un bon point par jour dans une enveloppe de couleur, numérotée. Ajoutez une friandise (pièce en chocolat, bonbon, sucette, caramel…) et placez les 24 enveloppes dans un grand bocal transparent. Chaque jour, les petites mains en piocheront une en choisissant le chiffre adéquat.

Les bons points peuvent aussi être remplacés par des cartes consacrées à un des héros favoris de vos enfants. Une idée pour les inciter à démarrer une collection. Et pourquoi ne pas leur demander un petit service en retour ? Plaisir double de l'échange… c'est déjà un premier cadeau de Noël pour chacun !

récup

Dès novembre, mettez-vous à l'ouvrage ! Et faites participer les enfants. Ils vont adorer ! Récupérez 24 ***boîtes plates***, type boîtes à fromage, de différentes tailles et formes. Demandez aux enfants de peindre les boîtes puis faites-leur découper des images de Noël et des chiffres dans des pages de magazines pour décorer les couvercles. Avec un peu de Patafix® ou de Blu-Tack®, fixez les boîtes sur la porte de leur chambre. Pendant leur sommeil, glissez un ou plusieurs petits cadeaux dans la boîte du jour pour qu'ils le découvrent à leur réveil. Gageons qu'ils ne se feront pas prier pour sortir du lit ! Et si les enfants ne partagent pas la même chambre, réalisez ce calendrier de l'avent en plusieurs exemplaires. La chasse aux cadeaux ne fera pas de jaloux et ils apprendront à ne plus claquer les portes !

bien en vue

Qui a dit que les ***pots en terre cuite*** ne servent qu'à planter ficus et cactées ? Interrogez le Père Noël ! Il a toujours de bonnes idées ! Dès novembre, procurez-vous 24 pots de tailles variées. Faites-les peindre aux enfants en assortissant les couleurs à celles de votre future déco de Noël. Le 30 novembre, installez vos pots en les posant à l'envers sur les marches d'un escalier ou dans un coin du salon en mélangeant les tailles. Collez des chiffres adhésifs sur les pots. Pendant que les enfants dorment, déposez 24 petits cadeaux emballés ou simplement exposés au sommet de chaque pot. Quel bonheur pour chacun de découvrir cette « forêt » enchantée le matin du 1er décembre !

calendrier suspendu

Vous aimez associer déco et tradition ? Glanez dans la nature une jolie branche de bouleau ou achetez chez votre fleuriste une branche de saule tortueux et peignez-la en blanc. Suspendez la ***branche*** au-dessus de la table du déjeuner en l'accrochant au plafond ou plantez-la à la verticale et légèrement en biais dans un grand vase tube transparent à moitié rempli de sable blanc. Garnissez de friandises ou de petits cadeaux 24 ***boules*** en plastique transparent de différentes tailles. Collez des chiffres adhésifs sur chacune d'elles. Suspendez-les après la branche à différentes hauteurs à l'aide de rubans. Une fois vides, garnissez les boules de papier de soie froissé.

jeu de cache-cache

Voici de quoi exciter la curiosité des enfants et mettre de l'ambiance à la maison dès le 1er décembre. Prévoyez 24 petits cadeaux par enfant : figurines ou cartes de leur héros favori, petites voitures, mini-oursons, autocollants, chocolats, bonbons… Cachez-les en les répartissant dans différentes pièces de la maison à des endroits insolites. Distribuez chaque jour aux enfants un ***message*** comportant des ***indices***. Décidez d'une heure précise pour la chasse aux cadeaux, l'heure du goûter, par exemple. L'enfant qui découvre la cachette remporte le cadeau et passe son tour aux perdants. La chasse prend fin quand chaque enfant a découvert un des petits cadeaux du jour. Quelle ambiance en perspective !

moules à chocolat

Grand-maman m'a offert mon premier calendrier de l'avent pour mes 5 ans, une grande image cartonnée percée de 24 fenêtres. Chaque matin, je tirais un petit volet et je croquais un chocolat ! Miam ! Aujourd'hui encore, ces calendriers populaires restent les plus abordables. D'année en année, je récupère le support en plastique collé derrière l'image et je le ***recycle*** en y coulant du plâtre à modeler. Les sujets démoulés, collés autour d'un cadre, font une jolie décoration. Et assemblés dos à dos autour d'un fil, ils garnissent le sapin pour trois fois rien !

Lumineuses couronnes de l'avent

tradition

Grand-maman ne jurait que par la ***couronne de paille***, des branches de sapin bien vertes, un ruban écarlate, des pommes de pin et quatre ***bougies rouges*** pour préparer la couronne de l'avent (avec précaution et prudence, bien sûr). Aujourd'hui, toutes les fantaisies sont admises mais si vous voulez suivre la tradition, préparez votre couronne avant le premier dimanche de l'avent. Ce jour-là, vous allumerez une première bougie. De semaine en semaine vous en allumerez deux, puis trois, puis toutes les quatre le dernier dimanche avant Noël. Et si c'était l'occasion de faire une pause ? Racontez une légende, un conte de Noël ou apprenez une chanson aux enfants à la lueur des bougies ! Voilà qui ajoutera un zeste de mystère !

couronne de sapin

Pour bien réussir votre couronne, coupez des branches de sapin d'environ 15 cm. Posez-les bien serrées sur le dessus et les côtés d'une couronne de paille ou de polystyrène. Bloquez la base des tiges en les entourant d'un fil de fer puis recouvrez à demi la première rangée de nouvelles branches. Continuez le ***montage en écailles*** en attachant les tiges au fur et à mesure du travail. Pour finir, entourez la couronne d'un ruban rouge et accrochez ici et là, avec un fil de fer, quelques pommes de pin ou des cônes de sapin.

fixer les bougies

Vous piquerez facilement les bougies dans la couronne si vous prenez soin de tremper des ***clous sans tête*** dans de l'eau chaude avant de les enfoncer sous la base des bougies.

Soyez très vigilant ! Écartez les bougies des éléments qui pourraient s'enflammer et soufflez-les dès que vous n'êtes plus en mesure de les surveiller.

Cher petit papa Noël, aujourd'hui, je t'écris…

première lettre

C'est la première année que je sais écrire. La maîtresse a dit que je me débrouillais bien. À 5 ans, je suis grande. Grand-maman a installé le gros catalogue de jouets sur la table de la cuisine. Sur la toile cirée, il y a des ciseaux à bouts ronds, des feutres de couleur et un petit pot de colle blanche qui sent bon la noix de coco. Grand-maman m'a préparé une grande ***feuille blanche*** et une enveloppe de papier kraft brun. Je découpe des ***images***, je les colle et j'écris : « Je voudrais une poupée, je l'appellerai Lili. » Je m'applique. Il faut que ça soit beau pour le Père Noël. « Dis, Grand-maman, tu crois qu'il lira ma lettre, le Père Noël ? » « Bien sûr, répond Grand-maman, le Père Noël n'oublie jamais les enfants sages ! »

envoi

Il y a de la magie, du rêve et des yeux qui brillent quand on écrit au Père Noël, n'en privez pas les enfants. S'ils veulent poster la lettre eux-mêmes, accompagnez-les à la boîte aux lettres. Mais n'oubliez pas de vérifier que leur nom et leur adresse sont bien inscrits au dos de l'enveloppe. Avant le 24 décembre, ils recevront en retour des cartes postales éditées par ***la poste***. De quoi prolonger la magie juste avant Noël. Quant au destinataire, ne vous inquiétez pas, il suffit de marquer sur l'enveloppe : « pour le Père Noël ». Qu'il soit domicilié au ciel ou au pôle Nord, mon petit doigt me dit qu'il recevra le courrier, évidemment !

boîte à lettres

Et si vous fabriquiez avec votre enfant la boîte à lettres du Père Noël ? Une boîte vide de céréales peut très bien faire l'affaire. Entaillez au cutter la porte et l'ouverture pour y glisser les lettres avant de faire participer les enfants à la décoration. Faites-leur peindre ou coller de jolis papiers sur la boîte avant de l'exposer bien en vue, à l'abri, à l'extérieur de la maison ou de l'appartement. Quand toutes les lettres ont été déposées, ***récupérez discrètement les missives*** et… conservez-les. Les relire des années après vous procurera autant d'émotion que de bonheur !

lettres exposées

Même si on a dépassé l'âge de croire au Père Noël, un moment de rêve est toujours permis. Chinez ou procurez-vous un joli cadre. Peignez et patinez son encadrement pour lui donner un air de fête. Supprimez le verre et remplacez-le par un panneau de liège recouvert d'un papier blanc. De votre plus belle écriture, tracez en intitulé votre demande : « Cher Père Noël ». Prévoyez quelques punaises argentées pour que chacun puisse y piquer sa lettre et accrochez votre tableau au mur. Avant de partir à la recherche de cadeaux, un petit coup d'œil aux différentes missives vous aidera à ***exaucer les rêves*** de chacun !

Dans la frénésie des préparatifs

Mon beau sapin ! 22

Le décor se met en boules 30

La crèche et les santons sortent des cartons 34

L'échappée belle de Noël 37

Le bois dans tous ses états 39

Dedans, dehors, les bûches font la fête 43

Des jouets à deux francs six sous 45

Petits papiers bien détournés 48

Les bonshommes de neige se prennent aux jeux d'hiver 50

Mon beau sapin !

sapins naturels

L'***épicéa***, le plus traditionnel des sapins de Noël, répand un agréable parfum de résine. Bien vert, il arbore des branches fines, mais a une fâcheuse tendance à picoter les doigts. Manipulez-le avec des gants, calez son tronc dans un récipient profond et arrosez-le copieusement pour éviter qu'il ne sème ses aiguilles trop rapidement. Plus fourni, moins capricieux, mais en contrepartie plus onéreux, le sapin de ***Nordmann*** gardera son ramage pendant toute la durée des fêtes sans que vous soyez obligé de lui prodiguer trop de soins.

taille

Avant d'installer le sapin, prenez un peu de distance pour évaluer son équilibre. Coupez au sécateur ou à la scie les ***branches disgracieuses***.

installation

Tout près du radiateur ou de la cheminée, votre sapin risque de perdre sa bonne mine. Installez-le ***loin d'une source de chaleur***, dans un pot rempli d'eau. Il conservera sa belle tenue jusqu'en janvier.

Sur un sol en parquet, placez un tapis de ***protection*** avant d'installer le sapin. Taillez un cercle de tissu dans du lainage ou du feutre. Il protégera votre sol des rayures.

quel pied ?

Deux morceaux de ***tasseau plat en bois*** vissés en croix et voilà le plus simple des supports pour un sapin. Un pied vite fait si vous renoncez à l'arrosage. Percez le milieu de la croix pour pouvoir y visser le tronc. Évitez les clous qui tiennent mal et font éclater le bois. Pour favoriser l'équilibre de votre sapin, placez une petite cale sous les extrémités du tasseau supérieur.

Comme un cadeau offert à toute la famille, préparez un ***carton de récupération*** pour envelopper le pied de votre sapin. Peignez-le recto verso à la bombe avec de la peinture or, argent, rouge ou blanche. Laissez le carton ouvert et placez dedans un récipient profond. Installez-y le sapin, calez son pied avec des cailloux ou des briques et remplissez d'eau à mi-hauteur. Pour cacher le récipient, glissez des feuilles de papier cadeau à l'intérieur du carton mais laissez-les dépasser comme si le paquet était à peine déballé.

Un soir ici et un autre là ! Le sapin se promène dans la maison au gré de votre fantaisie. Récupérez une ***caisse en bois*** chez un caviste, recouvrez-la de branchages et de pommes de pin collées au pistolet à colle et ajoutez-lui quatre ***roulettes***. Placez dans la caisse un contenant à moitié rempli d'eau. Une fois le sapin installé, calez-le avec des cailloux puis remplissez la caisse à ras bord avec des pommes de pin.

en motte

Encore pourvu de racines, entouré d'une motte de terre, le sapin pourra être replanté au jardin ou sur le balcon. Emballez le tas de terre d'un sac-poubelle, humidifiez le terreau et ligotez le sac autour du tronc. Déposez le sapin dans un grand ***panier***. Pour cacher le sac, remplissez le panier de belles pommes rouges ou vertes.

harmonie des couleurs

Décidez d'une ***palette de couleurs*** avant de choisir vos décorations et conservez cette harmonie pour l'ensemble de votre ambiance intérieure, de la table aux murs et jusqu'à l'escalier.

sapins inventifs

Pour déroger au traditionnel sapin, ***créez vous-même*** votre arbre de Noël. Fil de fer, branchages, tissu, cintres, Noël est propice à toutes les fantaisies créatives ! (Vous en trouverez quelques-unes ci-après.)

très nature

Des ***branchages secs*** maintenus ensemble avec un peu de ficelle feront une jolie structure naturelle. Tracez sur des feuilles de journal scotchées ensemble le dessin de votre arbre. En quatre ou cinq traits horizontaux espacés régulièrement, formez les branches. Dessinez un dégradé de manière à former le triangle du sapin. Par un trait vertical, dessinez le tronc. Partez à la recherche de branchages bien droits mais avant d'aller faire un petit tour au fond des bois, assurez-vous d'avoir l'autorisation d'y prélever du bois mort et de la mousse. Coupez les branches à la longueur de chaque tracé et posez-les sur votre dessin. Une entaille au couteau à l'endroit où les branches se croisent vous assurera d'une bonne jointure. Piquez un clou très fin pour maintenir les branches en place et sécurisez la jointure avec une ficelle bien serrée.

Plantez votre sapin dans un pot en terre cuite rempli de gravillons et recouvrez-les de ***mousse***. Pour la maintenir bien verte, humidifiez-la régulièrement.

Suspendez aux branches des ***pommes de pin*** naturelles, des décorations de sapin en ***bois brut***. Faites courir du ***lierre*** autour des branchages et accrochez de tous petits bouquets de ***houx***. Terminez le décor par une étoile faite de deux triangles imbriqués formés avec des brindilles. Assemblez avec de la ficelle et piquez au sommet du sapin.

épuré

Juste une pelote de ***fil de fer***, un peu de ***voile de coton*** et vous serez paré pour modeler de vos dix doigts un sapin épuré et léger à la fois ! Dessinez la silhouette du sapin, branches et tronc, sur un grand papier. Déroulez le fil de fer, enroulez son extrémité autour d'un morceau de tube puis étirez ce colimaçon pour former la cime du sapin. Modelez la structure en suivant le dessin avec le fil de fer, pliez les extrémités des branches avec une pince ronde. La silhouette terminée, ligaturez la cime du sapin avec un fil de fer fin. Posez la structure recouverte d'un filet de colle gel sur le tissu parfaitement repassé. Après séchage, coupez le tissu au ras du sapin. Recouvrez de la même manière l'autre face. Vous pouvez laisser votre sapin tel quel ou le décorer de guirlandes en dentelle et de boutons blancs collés. Plantez votre sapin dans un pot en zinc rempli de sable et recouvert de copeaux de papier.

mobile

Ne jetez plus les ***cintres en aluminium*** au retour du pressing. Il vous en faudra tout juste dix pour inventer un sapin insolite. Redressez les crochets pour qu'ils soient bien droits. Vous pouvez garder les cintres tels quels ou les recouvrir de ruban ou de bandes de papier que vous enroulerez très serré en les fixant avec un point de colle. Pour le montage, travaillez à plat, débutez par la cime. Placez deux cintres sous le premier. Faites un lien à chaque point de contact avec du fil de pêche ou du ruban fin. Au troisième rang, ajoutez trois cintres, quatre au dernier rang. Nouez des rubans au bas du sapin et laissez-les pendre pour former le tronc. Garnissez les espaces libres entre les cintres avec quelques boules scintillantes. Suspendez au plafond à l'aide d'un fil de nylon et d'une punaise. Comme un mobile, le sapin tournera au gré d'un souffle d'air.

esprit couture

Préparez quatre ***coussins triangulaires*** de tailles différentes de manière à former une silhouette de sapin. Rembourrez-les très peu afin qu'ils restent plats. Posez les coussins à plat, les uns en dessous des autres en commençant par la cime du sapin. Faites-les se chevaucher à moitié et maintenez-les ensemble à l'aide d'une épingle à nourrice. Pour former le tronc, accrochez des morceaux de ***tresse*** de coton au bas du sapin. Suspendez votre création, les épingles à nourrice contre le mur et décorez de petits grelots garnis d'un ruban noué simplement piqué dans la toile avec une épingle.

bricolage d'enfant

Pour occuper les enfants impatients, faites-les participer à un bricolage ludique et bon marché et recyclez vos ***restes de laine***. Sur un panneau de carton bois, tracez au crayon à papier la silhouette d'un sapin sans tronc. Sur le sapin et au bout des branches, dessinez des cercles de différentes grosseurs à l'aide de gabarits ronds (boîte, soucoupe, verre…). Posez un filet de colle sur le tracé du sapin et recouvrez-le de grosse laine.

Pour remplir les boules, servez-vous de plusieurs couleurs et grosseurs de laine. Suivez d'abord le pourtour des cercles garnis de colle puis remplissez l'intérieur en serrant bien les rangs. Pour le tronc du sapin, gainez un baril de lessive rond d'un papier uni assorti aux couleurs des boules. Posez le baril au sol devant un mur exempt de décorations et suspendez le panneau au-dessus. Fiers d'avoir participé, les enfants pourront dire : « C'est moi qui l'ai fait ! »

gourmand

Pour les petits gourmands, recouvrez un cône de polystyrène de ***gommes à mâcher*** et de ***pâtes de fruits*** piquées dans la structure avec des cure-dents. Le montage terminé, arasez les piques en bois avec une pince coupante. Plantez un tourillon fin sous le cône et placez votre mini-sapin dans un petit pot en terre cuite préalablement décoré par les enfants. Calez le tronc avec de la pâte à modeler et remplissez de gravillons blancs pour aquarium. N'hésitez pas à confectionner plusieurs sapins pour le centre de table. Les petits gourmands apprécieront !

Le décor se met en boules

premières boules de Noël

Dans le village de Meisenthal au cœur de la forêt vosgienne, les hommes partaient chaque matin souffler des boules de verre pour y tailler binocles et ***verres à lunettes***. Cette année-là, les récoltes avaient été très mauvaises, si peu de pommes et à peine quelques noix, rien pour décorer le sapin. La tristesse se lisait dans les yeux de chacun. C'est alors que les enfants virent avec surprise leur père ramener de la verrerie toutes les boules de cristal pour les accrocher au sapin. Ainsi sont nées, un jour d'hiver 1858, les premières boules de Noël.

quelle matière ?

D'un œil gourmand, j'observais les petits poissons en ***verre*** accrochés aux branches du sapin. Dans ma tête d'enfant, leur corps brillant prenait un goût appétissant. Alors fourmillant d'envie, j'en ai saisi un et je l'ai croqué ! La punition fut sévère ! Les morceaux de verre piqués dans mes lèvres me laissent un souvenir cuisant. Aujourd'hui, j'évite que les boules les plus fragiles soient à portée des petites mains et je garnis le bas du sapin de sujets ***incassables***.

manipuler

Très agaçant, les boules toutes lisses qui vous échappent des doigts dès que vous les manipulez. Et si elles sont en verre, gare à la casse ! Pour que la transformation de vos boules ne vire pas au cauchemar, essayez cette petite astuce. Enroulez plusieurs ***élastiques*** bien serrés l'un sur l'autre autour d'un crayon à quelques centimètres de son extrémité. Ôtez l'attache de la boule et glissez le ***crayon*** dans l'orifice. Les élastiques doivent serrer suffisamment pour agir comme un frein. Supprimez-en ou rajoutez-en si nécessaire pour immobiliser le crayon et pouvoir manipuler la boule facilement. Et pour la faire sécher, plantez le crayon dans un verre rempli de sable.

donner de l'éclat

Quoi de plus joli que des boules qui scintillent dans le sapin ? Pour apporter un surcroît d'éclat à vos boules de Noël, dessinez des motifs avec l'embout d'un tube de ***colle***, directement sur le support. Recouvrez de ***paillettes en poudre*** et secouez pour ôter le surplus. Suspendez dans le sapin quand les boules sont bien sèches.

Pensez à travailler au-dessus d'une feuille de papier afin de récupérer l'excédent de paillettes.

Vous pouvez remplacer la colle par de la peinture colle (Tulip 3D®), transparente, en couleur ou pailletée.

agrumes cloutés

C'est le temps des agrumes. Transformez oranges, citrons jaunes et verts en boules de Noël insolites et odorantes. Choisissez des fruits à peau lisse et bien ferme. Pour pouvoir les suspendre, entourez chaque fruit d'une ficelle fine, nouez bien serré et formez l'attache en rassemblant ses extrémités. Pour empêcher que la ficelle ne glisse, piquez à ras de celle-ci, des deux côtés, des ***clous de girofle*** bien serrés. Décorez le reste de la surface d'arabesques, de croix, de lignes ou recouvrez-la entièrement de clous de girofle piqués. Quand les fêtes seront finies, ne jetez pas vos boules. Déposez-les dans vos armoires, elles ont la vertu d'éloigner les mites.

boules encadrées

Redonnez une deuxième vie aux ***anneaux de rideaux*** qui ne vous servent plus et faites-en des supports pour de toutes petites boules. Bombez chaque anneau de peinture or. Travaillez sur un journal en protégeant bien le plan de travail. Laissez sécher la peinture avant de retourner l'anneau. Quand les deux côtés sont secs, glissez une petite boule en verre à l'intérieur. Assemblez les deux éléments avec un ruban, il servira d'attache pour suspendre les décorations.

bon équilibre

Une très grosse boule en verre irisé débarrassée de son attache métallique fera un très joli vase pour la table de Noël. Choisissez-en une de couleur assortie à celle de votre déco de table. Remplissez-la d'eau, placez-y un petit bouquet et posez votre boule sur un ***joint torique*** ou un joint de cuvette en caoutchouc noir. Elle gardera son équilibre en toute sécurité quelle que soit sa position.

La crèche et les santons sortent des cartons

préparation du décor

Le premier dimanche de l'avent, Grand-maman sortait le carton des santons remisé au grenier d'une année sur l'autre. Et c'est sur le bahut de la salle à manger que nous préparions la crèche. J'empilais d'abord quelques ***boîtes*** contre le mur en les plaçant à des hauteurs différentes. Notre structure prête, j'avais pour mission de la recouvrir de ***papier rocher*** et de modeler des collines, des vallons et même une grotte pour y installer l'étable.

La crèche peut tout aussi bien être installée sur une ***planche***. Collez les boîtes au pistolet à colle et fixez le papier rocher au dos des éléments avec quelques morceaux d'adhésif. Vous éviterez ainsi que le décor s'écroule quand vous déplacerez votre paysage. Posez la crèche au pied du sapin ou sur une table basse.

étable ou grotte

L'étable représentait la pièce maîtresse de notre crèche. Chaque année était prétexte à inventer un nouveau logis pour abriter Marie, Joseph et le petit Jésus. Des ***planchettes de cageot*** et quelques branchages servaient à construire les murs. On attachait le tout avec un peu de ficelle avant de placer des morceaux d'ardoise ou d'écorce pour fabriquer le toit.

Une ***miche de pain***, tranchée en deux et vidée de sa mie, peut remplacer l'étable ou la grotte en papier rocher. Avant de l'installer, faites-la sécher au four pour ne pas qu'elle moisisse.

animer le paysage

Pour ponctuer le paysage, je posais par endroits de la ***mousse*** ramassée au jardin, quelques plumets de sapin pour en faire des bosquets, des branchages qui imitaient les arbres et des ***gravillons*** pour tracer les chemins. J'inventais des rivières en ***papier aluminium***, juste recouvert d'un voile de peinture bleue. Pour décorer l'étable, il suffisait de coiffer le toit de quelques pommes de pin et de glisser une poignée de ***paille*** à l'intérieur. Le décor était prêt et pouvait accueillir les santons.

Si vous ne trouvez pas de paille, remplacez-la par des copeaux de papier recyclé ou de papier kraft. Utilisez un destructeur de document ou découpez le papier aux ciseaux.

les santons

Ma grand-mère avait constitué au cours des années une vraie collection de santons de Provence en terre cuite. Il n'était pas rare que, dans l'impatience de l'installation, j'en laisse échapper un. Pour réparer mes sottises, Grand-maman usait d'un peu de ***colle à bois***. Elle recollait patiemment les morceaux et après séchage, remplissait les interstices avec un jus de ***plâtre*** avant de faire quelques retouches de peinture.

Vous avez l'âme créatrice ? Fabriquez vos santons en les modelant dans un pain de ***pâte à modeler*** à séchage rapide ou en coulant du plâtre ou de la ***poudre de marbre*** dans des moules en latex. Après les avoir fait sécher, inspirez-vous des couleurs des vrais santons de Provence pour les décorer.

L'échappée belle de Noël

crèches vivantes

Pour faire patienter les enfants, partez à la découverte des crèches vivantes dès la mi-décembre. Installées au cœur des villes et des villages ou sur le parvis des églises, elles racontent ***oralement*** la belle histoire de Noël sous le jeu des ***lumières*** et au son des ***chants de Noël.*** Les plus beaux spectacles se déroulent à Saint-Hilaire-du-Harcouët, en Normandie, où acteurs et animaux occupent tour à tour le décor. À Nice, c'est la Provence et ses traditions qui sont à l'honneur avec « Lou Presepi », sa crèche animée par des santons vivants et de vrais animaux. Mais bien d'autres lieux perpétuent cette tradition et les crèches vivantes installées à la ferme véhiculent tout autant d'émotion.

patinoire

De la neige, un froid sec et un peu de soleil, pourquoi pas ? Chaussez vos patins ou louez-en pour l'occasion ! Et n'ayez crainte de vous frotter au dur exercice du patinage artistique. Laissez-vous aller ! Même si vous n'avez jamais patiné, l'exercice est ***revigorant*** et source de ***fous rires***. Les enfants se prendront vite au jeu ! Si une patinoire en plein air s'installe tout près du marché de Noël, savourez le double plaisir de goûter aux jeux d'hiver autant qu'aux gourmandises de Noël.

Le bois dans tous ses états

récup nature

Vive la nature ! Les ***branches*** encore vertes ou déjà sèches, les ***rondins***, les ***pommes de pin*** ne vous coûteront rien si vous les glanez au jardin ou dans la nature. Profitez d'une promenade avec les enfants pour faire le plein d'éléments naturels. Tranchés, découpés, sciés, ils habilleront ou transformeront le moindre objet pour rendre vos décorations simples et naturelles.

rondelles de bois

Coupez les branches fraîches au sécateur. Faites-en des rondelles de différentes épaisseurs et laissez-les sécher avant de les utiliser. Transformez vos ***encadrements*** en collant des rondelles sur le pourtour du cadre, ou percez-les pour en faire des ***boutons***, qui s'accrocheront sur le rabat d'un coussin ou pourront être cousus en semis sur un plaid ou un rideau. Customisez aussi vos ***boules de Noël*** en recouvrant totalement de rondelles de bois des boules en polystyrène ou en papier mâché.

tranches de bois

Débitez les rondins à la scie égoïne. Taillez-les en pièces fines. Collés à la colle à bois, ils garniront le fond d'un ***plateau***. Si vous les percez d'un trou, vous en ferez des ***boules*** plates à accrocher au sapin. Décorez leur surface de motifs en brindilles ou en écailles de pommes de pin. Vous pourrez aussi les coller sur le pourtour d'une ***couronne*** de paille et accrocher à celle-ci une branche à baies rouges simplement retenue par un ruban de même ton.

branchages

Coupez les petites branches jusqu'à 2 cm de diamètre au sécateur. La coupe sera nette si les branches sont encore fraîches. En ligaturant les branches avec quelques brins de ficelle, vous ferez naître des ***silhouettes*** de cœurs, de lanternes, de maisonnettes d'oiseau à accrocher au sapin. Pour une réalisation aisée, dessinez la forme des motifs sur un papier et servez-vous-en de guide pour couper les branchages à la bonne longueur.

Sur des branches creusées de quelques entailles, glissez des bougies chauffe-plats. Placez trois branches en équilibre sur un lit de galets. Ce décor fera un joli ***centre de table,*** que vous laissiez les branchages naturels ou que vous les peigniez en blanc. Soyez vigilant quand les bougies sont allumées pour éviter qu'elles n'enflamment le bois.

Pour mettre en valeur un ***bouquet de saison*** (perce-neige, roses de Noël ou narcisses blancs), glissez dans un vase tube en verre des branchages frais de noisetier coupés à différentes longueurs, ajoutez un rondin de bouleau et mêlez-y les fleurs.

pommes de pin

Préparez les paniers, partez en balade en forêt avec les enfants et faites provision de pommes de pin et de cônes de sapin. Accrochés en grappe au bout d'une ficelle, ils composeront de très naturelles ***décorations de sapin***. Vous pourrez aussi les enrouler autour de vos rideaux pour leur servir d'***embrasses*** et même attacher ces décors autour du ***col d'une bouteille***.

écailles de pommes de pin

Détachez les écailles et utilisez-les comme des ***sequins***. Collées une à une avec de la colle gel, parfaitement juxtaposées, elles embelliront le pourtour d'un cadre, le dessus d'un couvercle de boîte ou le toit d'une lanterne.

écorces

Profitez aussi de votre balade pour glaner des écorces. Avant de les utiliser, brossez-les pour éliminer les mousses et les insectes indésirables, puis faites-les sécher en leur donnant une forme quand elles sont suffisamment souples. Les écorces de bouleau placées ***autour d'un vase tube*** ou autour d'un pot en terre cuite rehausseront joliment un bouquet ou une plante de saison. Attachez-les simplement avec une ficelle de chanvre.

Dedans, dehors, les bûches font la fête

corvée de bois

Il neige ! Faisons du feu dans la cheminée ! Si les enfants rechignent à participer à la corvée de bois, mettez les bûches en scène. Encouragez les petits et les plus grands à vous aider à installer un tas de bois bien ordonné à l'extérieur. Pour les récompenser, laissez-les ***décorer l'extrémité des bûches*** avec des feutres de couleur. Sur le thème de Noël, faites-leur préparer une véritable décoration que chacun aura le droit de déposer dans la cheminée à tour de rôle. Ils ne devraient plus se faire prier !

Grand-maman avait plus d'une astuce pour me convaincre de l'accompagner chercher du bois dehors, dans le froid. Le ciel étoilé devenait prétexte à ***observer les étoiles***. De son index, ma grand-mère repérait la Grande Ourse et me faisait suivre des yeux la voie lactée. Alors je découvrais l'étoile polaire qui avait guidé les bergers et les rois mages. C'est ainsi que j'ai appris à reconnaître les étoiles et à faire un vœu quand j'apercevais, fugace, une étoile filante déposer une longue traînée de poussière sur la voûte céleste.

mise en scène

Dedans comme dehors, mettez les bûches en valeur. Rangez-les dans une ***caisse*** ou un ***panier***, leur extrémité décorée bien en vue. Ajoutez-leur des pommes de pin. Elles serviront à démarrer le feu. Placez votre panier à proximité de la cheminée en veillant à ce qu'il ne puisse pas être atteint par des flammèches.

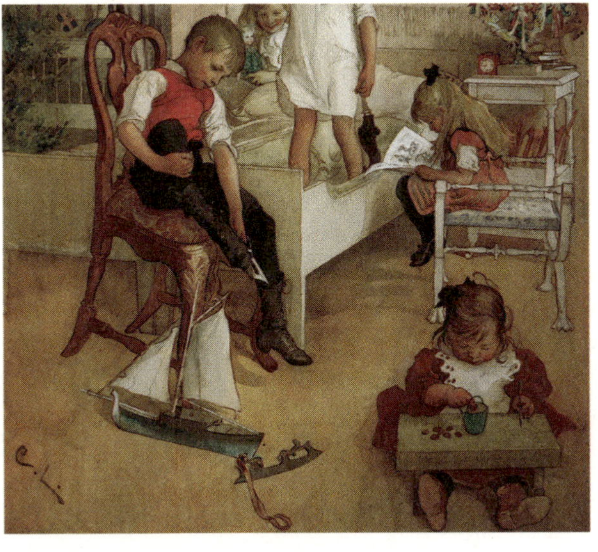

Des jouets à deux francs six sous

maison de poupée

Il vous suffira de quelques ***cartons d'emballage*** de taille identique, d'un cutter et d'un pistolet à colle pour confectionner la plus jolie des maisons de poupées. Supprimez les couvercles avant de coller les cartons l'un sur l'autre, le côté ouvert en façade. Ouvrez des fenêtres à chaque étage sur les côtés de l'édifice. Terminez par le toit. Deux triangles taillés dans les couvercles formeront les pignons. Collez-les en façade avant de garnir leur pente de rectangles de carton. Recouvrez le toit de morceaux d'éclisses découpées dans des cageots. Avec un soupçon de peinture et quelques chutes de papier peint, décorez les murs extérieurs et intérieurs. Des restes de moquette, de sisal ou de rabane couvriront le sol en beauté. Et pour habiller les fenêtres, vous n'aurez besoin que de quelques chutes de tissu à accrocher sur une brochette en bois.

mobilier miniature

Pour fabriquer le mobilier, récupérez tous ces petits riens qui, d'un coup de peinture ou de papiers collés, se transformeront en véritables petits meubles. Des ***boîtes d'allumettes*** empilées, collées et recouvertes de chutes de papier seront parfaites pour une commode. Il suffira de fixer une perle au bout des tiroirs pour pouvoir les ouvrir facilement. Des ***bobines*** coiffées d'une rondelle de carton serviront de tabourets, les ***capsules*** deviendront abat-jour, les ***rondelles*** métalliques, cadres à photos. Utilisez toutes sortes de petites boîtes et de morceaux de cartons pour fabriquer les lits, les tables, les buffets. Coupez dans du tissu les nappes, les draps, les couvertures, fabriquez des coussins rembourrés de coton. Il suffit de peu de chose pour créer un univers qui ravira les enfants.

lit pour Nounours

Premier compagnon, confident de tous les jours, Nounours est le meilleur ami des enfants. Fabriquez-lui un lit bien à lui. Récupérez une ***caisse en bois*** (ou un carton solide). Peignez-la puis fixez deux tasseaux en traverse sur le fond en les laissant dépasser légèrement de chaque côté et vissez des roues en bois ou en nylon à leur extrémité.

Garnissez l'intérieur de la caisse d'une literie taillée dans des chutes de tissu. Le lit de Nounours est prêt, il fera de beaux rêves et les enfants aussi !

petits bolides

Ne jetez plus vos ***tubes à pilules*** et conservez les ***capsules*** des bouteilles de soda. Percez les tubes et le centre des capsules de part en part avec un petit foret à métal. Assemblez celles-ci deux par deux en remplissant leurs bords intérieurs avec de la pâte Blu-Tack® ou Patafix®. Une fine tige filetée et des petits écrous serviront d'essieu à la voiture. Peignez le tout de couleurs vives. Et multipliez ces petites voitures. Elles deviendront des bolides dignes des Vingt-Quatre Heures du Mans qui raviront les petits garçons !

mikado miniature

Voici un jeu ancien à remettre à l'honneur ! Peignez de bandes rouges, jaunes, bleues, 41 ***cure-dents en bois*** après avoir coupé les pointes pour éviter qu'elles ne piquent. Glissez votre jeu de mikado miniature dans une boîte d'allumettes gainée de papier. Simple, facile et à emporter partout. Les enfants vont redécouvrir ce jeu d'adresse à pratiquer à deux et jusqu'à six joueurs.

Petits papiers bien détournés

papier aluminium

Des bandes de papier aluminium enroulées autour d'une ***branche*** lui donnent tout de suite un air de fête. Mêlez la branche à vos bouquets d'hiver ou suspendez-la dans la maison et accrochez-y de petits oiseaux en verre munis d'une pince métallique.

papier ajouré

Adonnez-vous au découpage de ***silhouettes*** comme on le pratique en Suisse et en Chine. Pliez une feuille de papier en quatre. Dessinez le quart d'un motif, agrémentez sa surface de petites formes graphiques et découpez. Des ciseaux fins bien aiguisés ou un cutter sont les seuls outils nécessaires. Créez ainsi des flocons de neige aux formes variées, des cœurs tout ajourés ou une myriade d'étoiles à suspendre ou à coller sur les fenêtres.

papier fantaisie

Des feuilles de papier pour le « scrapbooking », des ciseaux et une machine à coudre, c'est tout ce qu'il vous faut pour réaliser des ***décorations de saison*** à accrocher partout dans la maison. Choisissez des couleurs d'hiver, des papiers unis et imprimés dans des tons de vert, rouge, marron, crème, bleu glacier. Préparez des gabarits, sapins, étoiles, cercles, en puisant dans vos emporte-pièce à gâteaux. Pour chaque sujet, coupez trois à six fois le même modèle selon l'épaisseur du papier. Regroupez les formes et séparez-les en deux à la verticale par une couture à points droits. Percez le dessus des décorations, glissez un ruban, écartez le papier de part et d'autre de la couture pour donner du relief et suspendez !

Les bonshommes de neige se prennent aux jeux d'hiver

haies de neige

Les petits grelottent, c'est le moment de construire une haie et de l'enjamber le plus rapidement possible ! Façonnez avec les enfants une dizaine de boules de neige de la taille d'un ballon de football et placez-les en ligne. Et que le jeu commence ! Faites ***sauter*** les enfants ***en zigzag*** de part et d'autre des boules. Fous rires assurés pour ces kangourous des neiges. Parions qu'ils seront vite réchauffés !

Variez le plaisir. Confectionnez ensemble de plus grosses boules de neige et organisez un jeu de ***saute-mouton***. En appui sur leurs deux mains, les enfants enjamberont ces faux moutons des neiges. Qui ira le plus vite pour remporter la compétition ?

chapeau

Ce jeu va enthousiasmer les enfants et même les plus grands ! Commencez par façonner un grand bonhomme de neige avant de démarrer le jeu. Chacun se placera à environ ***deux mètres de la cible*** et lancera un chapeau tel un frisbee. Avec un peu d'adresse, le chapeau se figera sur la tête du bonhomme de neige ! Gagné !

drôle de bonhomme

Préparez vos appareils photo. Les enfants ne se feront pas prier pour participer à ce jeu. Faites-leur d'abord réaliser le corps d'un grand bonhomme de neige décoré de branchages et de rondelles de carottes. N'ajoutez ***pas de tête***. Ce sont les enfants qui y mettront la leur en se plaçant derrière le corps du bonhomme. Prévoyez un petit tabouret pour que les plus petits puissent participer. Coiffez les enfants d'une écharpe, d'un bonnet de lutin ou d'un chapeau et faites-leur prendre la pose pour immortaliser l'événement.

œuvres d'art

Comme dans le village de Jukkasjärvi, au pays de mon amie Kerstin, donnez aux enfants l'occasion de dévoiler leurs talents artistiques. Là-bas, tout au nord de la Suède, des artistes locaux métamorphosent le paysage par d'étonnantes ***sculptures*** taillées dans la glace. Inutile de se rendre au pays du Père Noël pour avoir du talent ! Conservez tous les emballages en plastique des pots de yaourt ou crèmes dessert que vous alliez jeter. Remplissez-les d'eau, teintez-en quelques-unes avec du sirop ou du colorant alimentaire et placez le tout dans le congélateur. Démoulez à l'extérieur et laissez les enfants créer des totems ou des animaux fantastiques en soudant chaque élément avec un peu d'eau. Des jours durant, admirez le talent de vos enfants. Seul le redoux pourra l'effacer !

La trêve des petits confiseurs bricoleurs

La bonne odeur du pain d'épice 56

La forme fait le biscuit…
et tout ce qui s'en suit 60

Saveurs tout chocolat 63

Des gâteaux de légende en habits de fête 65

À croquer, les fruits déguisés ! 69

Coup de pâte à sel 72

La bonne odeur du pain d'épice

neuf épices

Dans un grand bocal, Grand-maman préparait un mélange d'épices bien à elle : 2 cuillerées à café de cannelle et de gingembre en poudre et 1 cuillerée de chacun des ingrédients suivants : des clous de girofle et d'anis étoilé moulus, de la poudre de coriandre et de fenouil, de la muscade, des graines de cardamome sorties de leur enveloppe, auxquels elle ajoutait ½ cuillerée à café de poivre rouge. Avec sa cuillère en bois, Grand-maman brassait le mélange odorant. L'opération achevée, les épices reposaient dans leur ***bocal hermétique***, prêtes à être mêlées à la pâte à gâteaux.

pâte à pain d'épice

Ma grand-mère, en cuisinière experte, confectionnait les pains d'épice les plus succulents. Pas étonnant que j'aie consigné sa recette dans mes cahiers de cuisine. Dans une jatte en terre, mélangez à la spatule 125 g de miel, autant de sucre, 25 g de beurre ramolli et un œuf entier.

Saupoudrez d'une cuillerée à café de bicarbonate de soude et de la même quantité d'épices. Progressivement, ajoutez 300 g de farine, pétrissez à la main jusqu'à former une boule bien compacte. Laissez reposer 12 heures au réfrigérateur puis abaissez la pâte au rouleau. Découpez en forme de cercles, de cœurs, de rectangles avec des emporte-pièce, un couteau ou un verre. Enfournez à 180 °C et laissez cuire environ 8 minutes. La pâte doit rester tendre et est encore ***meilleure*** si elle n'est ***pas trop cuite.***

Si vous voulez suspendre les pains d'épice dans le sapin, percez un trou dans la pâte avant de les enfourner.

Dès que les pains d'épice ont refroidi, décorez-les avec un ***glaçage épais*** composé de sucre glace, d'eau et de jus de citron. La crème étalée, personnalisez vos pains d'épice en posant dessus un ***chromo de papier*** à l'ancienne (ange, Père Noël, fleurs) ou une image découpée dans un papier cadeau. Le glaçage durci, les images seront parfaitement collées.

bonhomme de pain d'épice

On raconte que le premier petit bonhomme de pain d'épice, aussitôt sorti du four, prit ses jambes à son coup et se sauva. Sous les flocons et le givre, il traversa les bois. Le petit cochon, la vache, le cheval qu'il rencontra le poursuivirent pour le manger mais le petit bonhomme, malicieux, clamait que personne ne l'attraperait. Or le renard, qu'il finit par croiser, était très rusé. « Je vais t'aider à traverser la rivière, dit-il. Pour ne pas te mouiller, monte sur mon museau ! » Bien imprudent, le petit bonhomme y monta sans se faire prier. Et quand, d'un bond, il sauta sur la berge, le renard n'en fit qu'une bouchée. Plus jamais on n'entendit parler de lui. Mais aujourd'hui, les petits bonhommes de pain d'épice ne font plus de caprices. Ils attendent gentiment à la sortie du four pour se laisser croquer par les petits gourmands ! Pour les préparer, taillez leur forme dans de la ***pâte à pain d'épice*** et pour les rendre presque éternels, découpez-les à l'emporte-pièce dans de la pâte d'***argile***. Ils décoreront toute la maison.

maison en pain d'épice

Quoi de plus magique que d'offrir aux enfants une véritable maison de pain d'épice à grignoter ? Voilà l'occasion de leur raconter ***l'histoire d'Hansel et Gretel*** et de la vilaine sorcière. Préparez suffisamment de pâte pour pouvoir y découper les pignons, les murs et le toit ainsi qu'un socle pour installer la maison. Aidez-vous d'un patron de papier pour découper tous les éléments.

Pendant la cuisson, préparez un glacis épais et rassemblez le décor : des petits gâteaux en forme de cœurs, des meringues, des pâtes de fruits, des Smarties® multicolores, des animaux en gomme. Décorez la maison dès que la pâte a refroidi. Assemblez les plaques de pain d'épice en les soutenant, le temps que le sucre se solidifie, puis collez la maisonnette sur la grande plaque de pain d'épice. Saupoudrez de sucre glace, l'hiver est là, Noël aussi ! Qui osera picorer la petite maison de pain d'épice ?

La forme fait le biscuit… et tout ce qui s'en suit

« bredele »

Ah ! quel délice que les « bredele », ces incontournables ***petits sablés*** alsaciens qui s'offrent à votre gourmandise pendant toute la période de Noël. Ma grand-mère en préparait plusieurs kilos dès les premiers jours de l'avent. La pâte de base (125 g de beurre, autant de sucre, 3 œufs, 250 g de farine) se parfume tour à tour de cannelle, d'anis, de chocolat. On y mêle de la poudre d'amandes, de noisettes ou de noix, des écorces d'oranges ou de citrons, autant de parfums à mélanger que de saveurs à déguster. Pour donner de jolies formes à vos « bredele », découpez-les avec des emporte-pièce en tôle qui, d'une pression de la main, tranchent net la pâte des petits biscuits.

Pour conserver vos « bredele » pendant 1 à 2 mois, rangez-les dans une boîte en fer-blanc.

« springerle »

Un beau jour de l'an 1300, des petits chevaliers venant d'Allemagne traversèrent la Forêt Noire pour s'arrêter en Alsace. Et ils se firent croquer ! Car ces petits chevaliers n'étaient autres que des ***petits biscuits parfumés à l'anis***. C'est la légende que l'on raconte quand, chaque année à Noël, les moules gravés des « springerle » sortent des placards. Pour vous approprier la légende, partez à la recherche des moules gravés en terre cuite ou en bois. Vous les trouverez sur les marchés de Noël d'Alsace et d'Allemagne. Farinez-les avant de les utiliser pour éviter que la pâte n'attache. Pour préparer les « springerle », rassemblez 2 œufs entiers, 250 g de sucre, autant de farine, une pincée de bicarbonate de soude, un zeste de citron râpé et 3 cuillerées à soupe de graines d'anis.

Réservez un tiers des graines et malaxez tous les ingrédients ensemble. Sur la pâte étalée (7 à 8 mm d'épaisseur), pressez les moules puis coupez les formes au couteau. Beurrez une tôle, parsemez du reste d'anis et déposez-y vos « springerle ». Laissez-les sécher 48 heures avant de les cuire pendant environ 10 minutes à 150 °C.

détournement

Plutôt que de ranger vos ***emporte-pièce*** et vos moules au fond d'un placard, détournez-les ! Nettoyez et brossez les emporte-pièce avec un morceau de papier de verre fin pour leur donner une belle patine. Tracez leurs contours au crayon sur de jolis papiers ou sur des photocopies de photos de famille anciennes puis découpez les formes. Glissez un fil à l'intérieur des emporte-pièce avant d'encoller leur bord tranchant et posez-les sur les formes prédécoupées. Accrochez ces petits cadres fantaisie aux branches du sapin, à une poignée de porte ou exposez-les contre un mur. Et quand viendra à nouveau le temps des gâteaux, un filet d'eau chaude débarrassera vos emporte-pièce des images en papier et leur redonnera leur vocation première.

Pressez de la pâte à modeler autodurcissante sur les ***moules à « springerle »,*** arasez le surplus de pâte au couteau, démoulez, percez le dessus et laissez sécher avant de suspendre vos décorations.

Saveurs tout chocolat

truffes

Quelques grammes en trop vous empêchent de lorgner du côté des chocolats ? Oubliez ! À Noël, tout est pardonné. Faites la fête au chocolat en préparant ces truffes inratables et délicieuses. Faites fondre à feu doux au bain-marie 250 g de bon chocolat noir avec 2 cuillerées à soupe d'eau (ou de whisky pour les plus gourmands). Retirez du feu le mélange bien lisse et ajoutez un à un 3 jaunes d'œufs puis 100 g de beurre coupé en petits morceaux. Fouettez énergiquement et laisser refroidir ***au réfrigérateur 4 à 5 heures***. Façonnez des boules dans la pâte à truffes et enrobez-les de cacao en poudre.

moulages insolites

Lavez et séchez une belle branche de houx que vous aurez glanée dans la nature. Cassez des morceaux de chocolat et faites-les fondre au bain-marie avec un peu d'eau. Quand le mélange est bien lisse, retirez-le du feu et laissez tiédir. Attendez que la pâte de chocolat reprenne un peu de consistance pour l'étaler au pinceau en couche épaisse sur l'envers des ***feuilles de houx***. Déposez les feuilles sur un plateau et mettez-les au réfrigérateur le temps que le chocolat durcisse. Pour les détacher, glissez la pointe d'un couteau d'office entre la feuille et le chocolat et soulevez délicatement.

Posez quelques feuilles sur une soucoupe à l'heure du café ou placez-les en couronne sur le dessus d'un gâteau rond… au chocolat.

chocolat chaud

Faire fondre un bloc de chocolat dans un verre de lait bouillant enchantera les enfants à l'heure du goûter. Gainez l'intérieur d'un verre avec du ***papier sulfurisé légèrement huilé*** pour qu'il colle aux parois et au fond du verre. Faites fondre du chocolat de qualité au bain-marie. Laissez tiédir et versez dans le verre. Placez un bâton à brochettes en bois dans le chocolat avant de le faire durcir au réfrigérateur. Démoulez et plongez le bloc de chocolat bien dur dans un grand bol rempli à moitié de lait bien chaud. Il fondra doucement jusqu'à remplir totalement le bol.

Vous pouvez alterner les couleurs en faisant fondre successivement plusieurs sortes de chocolats (blanc, praliné, aux noisettes). Pour obtenir un bloc de plusieurs couleurs, faites durcir chaque couche avant d'ajouter une nouvelle couleur.

Des gâteaux de légende en habits de fête

christmas pudding

Pour May, cuisinière en chef de mon collège et chef incontesté d'une escadre de jeunes filles au pair dont je faisais partie, un Noël sans pudding eut été comme un jour sans thé, sans bacon et sans toasts. Inimaginable au pays de Shakespeare ! Simple mais un peu long dans sa réalisation, cet incontournable dessert se prépare, selon la tradition, 4 semaines avant Noël.

Dans un grand saladier, mélangez 50 g de farine, une cuillerée à soupe de cannelle en poudre, une de muscade râpée, une d'épices mélangées, une de jus d'orange et de citron, et une de cognac. Ajoutez 2 œufs, 100 g d'amandes concassées, autant de zestes confits d'orange et de citron, de graisse végétale fondue et de miettes de pain de mie, 1 pomme et 1 carotte pelées et râpées, des raisins secs (175 g de Corinthe, 225 g de Smyrne, 250 g de Sultana), 75 g d'abricots secs, 75 g de pruneaux d'Agen, 75 g de cerises confites, et ½ verre de bière brune.

Malaxez à la main pendant 30 minutes. Faites participer toute la famille : la tradition veut que chacun prononce secrètement un vœu tout en mélangeant les ingrédients. L'opération terminée, coiffez le saladier d'un torchon et laissez reposer 24 heures.

Le lendemain, remplissez de ce mélange un bol à pudding en terre ou un bol profond en verre après l'avoir chemisé de papier sulfurisé. Recouvrez d'un torchon de coton et de 2 feuilles de papier alu. Ligotez le tout avec des élastiques bien serrés.

L'opération la plus longue commence ! Plongez votre pudding dans un bain-marie frémissant et laissez cuire 8 heures à petit feu. Rajoutez de l'eau toutes les 30 minutes. Votre pudding enfin cuit, rangez-le dans un placard, au frais et au sec… jusqu'à Noël ! Ce fameux dessert a besoin d'une période de maturation (comme le fromage !) avant d'être dégusté.

Le 25 décembre, réchauffez le pudding au bain-marie pendant 3 heures. Démoulez, piquez sur son sommet une ***petite branche de houx*** comme le veut la tradition, puis arrosez-le d'une crème anglaise épaisse… *Delicious, isn't it ?* Vous l'avez bien mérité !

Petite astuce : pour réduire le temps de cuisson de moitié, utilisez une cocotte-minute mais ne laissez jamais cuire le pudding à sec.

Stollen

C'est à Dresde, en Allemagne, que Heidi m'a fait découvrir le meilleur des Stollen, une sorte de bûche fourrée de fruits secs et de pâte d'amandes et toujours recouverte d'une ***épaisse couche de sucre glace***, pareil à un manteau de neige. Traditionnellement, on le prépare 15 jours avant Noël.

La veille de sa fabrication, faites tremper 400 g de raisins secs dans 3 cuillerées à soupe de rhum.

Le lendemain, versez 1 kg de farine dans un grand saladier, ajoutez 100 g de levure de boulanger délayée dans un peu de lait tiède. Mélangez et laissez reposer quelques minutes.

Faites fondre 400 g de beurre, incorporez-y 150 g de sucre, 1 cuillerée à café de sel, le zeste d'un citron et ¼ de litre de lait tiède. Versez dans la première préparation, ajoutez 150 g d'oranges et de citrons confits en mélange, 250 g d'amandes concassées et les raisins secs. Malaxez bien pour obtenir une pâte homogène, couvrez d'un linge et laissez doubler de volume.

Le Stollen peut se cuire tel quel mais c'est fourré de massepain qu'il est le meilleur ! Étalez la pâte à Stollen en un rectangle épais et posez en son centre un boudin de pâte d'amandes préparé avec un mélange de 300 g de pâte toute prête malaxée avec 200 g de sucre en poudre et 2 cuillerées à soupe de rhum ou d'alcool de fruits.

Rabattez les bords du Stollen sur le dessus du boudin de pâte d'amandes en faisant se chevaucher les morceaux de pâte. Enfournez 20 minutes à 200 °C. Réduisez la chaleur à 180 °C et laissez cuire 1 heure ¼.

Au sortir du four, badigeonnez le Stollen de beurre fondu et saupoudrez-le de 50 g de sucre glace.

Emballez le Stollen dans un papier aluminium et laissez-le reposer au frais pendant 15 jours avant de le déguster… si vous avez la patience d'attendre !

À croquer, les fruits déguisés !

grand cassé

Donnez un air de fête aux fruits de saison en préparant un glacis de ***sucre translucide et croquant*** sous la dent.

Dans une casserole à fond épais, faites fondre à feu doux 1 kg de sucre en poudre additionné de 2 petits verres d'eau et 3 cuillerées à soupe de glucose. Chauffez sur le feu lentement jusqu'à atteindre 140 °C et une belle couleur jaune. Plongez la casserole dans de l'eau froide pour arrêter la cuisson du sucre.

Pour vérifier que vous avez atteint le grand cassé, mouillez le dos d'une cuillère, posez-la à la surface du sucre puis trempez-la dans de l'eau glacée. Prélevez le sirop solidifié. Il doit se casser net, comme du verre et ne pas coller sous la dent.

fruits déguisés

Pelez des ***oranges*** et des ***mandarines*** en enlevant soigneusement les peaux blanches. Détachez les quartiers en évitant de crever la pellicule qui les entoure puis faites-les sécher à four très doux (thermostat 1-2).

Préparez un sucre au grand cassé, trempez-y les fruits un à un. Posez-les sur un papier de cuisson légèrement huilé jusqu'à ce que le sucre soit solidifié.

Vous pouvez aussi enrober des ***grains de raisin*** (préparez de petites grappes de 3 à 5 grains) mais aussi des fruits secs, des ***figues***, des ***dattes*** ou des ***pruneaux*** fourrés de pâte d'amandes.

pommes d'amour

Chaque année aux vacances de Noël, une famille de forains installait son manège de chevaux de bois à côté de notre maison. Dans la roulotte adjacente, se préparaient chaque matin les plus exquises des pommes d'amour.
Et c'est Albertine, une petite fille de mon âge, qui offrait aux passants ces délices glacés de ***sucre rouge***.

Pour faire revivre cette friandise si prisée des enfants, sélectionnez des pommes Golden bien fermes. Lavez-les et séchez-les. Ôtez le pédoncule et enfoncez à la place une pique en bois.

Préparez du sucre au grand cassé. Hors du feu, ajoutez du colorant alimentaire rouge. Remuez. Dès que les bulles ont disparu, plongez les pommes dans le sucre et enrobez-les totalement. Égouttez-les et laissez-les durcir sur une feuille de papier sulfurisé.

Ne pelez pas les pommes, le jus ferait fondre le sucre !

Emballez les pommes de papier cellophane et entourez-les d'un ruban rouge si vous voulez les suspendre dans le sapin comme on le faisait autrefois.

Coup de pâte à sel

fabrication

Encouragez les enfants à mettre la main à la pâte. Faire de la pâte à sel, c'est aussi drôle que la pâtisserie, on pétrit, on découpe, on met en forme. Et il suffit d'un coup de pinceau pour transformer le modelage en œuvre d'art.

Faites chauffer ¾ de tasse d'***eau,*** ajoutez 1 tasse de ***sel fin***, remuez et laissez refroidir. Ajoutez à ce mélange 2 tasses de ***farine***. Pétrissez à la main jusqu'à ce que la pâte devienne lisse et homogène.

Si la pâte est trop sèche, ajoutez quelques gouttes d'eau, si au contraire elle est trop molle, farinez-la.

coloration

La pâte peut rester blanche mais vous pouvez aussi la ***teinter dans la masse***, soit en la malaxant avec de la gouache, soit en ajoutant quelques gouttes de colorant alimentaire dans l'eau de préparation. Vous pouvez aussi fabriquer vos propres couleurs. Faites bouillir des pelures d'oignons, du paprika, du safran pour obtenir de beaux tons orangés, des épinards ou du persil pour colorer l'eau en vert. Le chou rouge donnera une teinte violette, la betterave rouge du pourpre, et le café du brun foncé.

parfum

Pour que les créations des enfants parfument agréablement la maison, ajoutez à la pâte quelques gouttes d'***huiles essentielles***, des ***épices*** (cannelle, anis, girofle) ou des ***extraits*** de vanille ou de café.

réalisations

Étalez la pâte au rouleau. Utilisez largement vos ***emporte-pièce*** pour faire découper aux enfants toutes sortes de motifs à suspendre au sapin. Les plus grands pourront s'essayer au ***modelage***. Faites-leur fariner leurs mains pour travailler. Pour composer des motifs en relief ou pour faire les yeux des personnages, enfoncez des clous de girofle dans la pâte. Soudez tous les éléments avec un peu d'eau. Utilisez un couteau pour tracer des nervures, des quadrillages, et une pique en bois pour dessiner des pois. Pour pouvoir suspendre les décorations, faites un trou dans la pâte avec une pique.

cuisson

Déposez les réalisations sur une feuille de papier aluminium et faites-les sécher à four doux (thermostat 3) pendant environ 1 heure pour que les réalisations restent bien blanches. Laissez-les au four plus longtemps pour obtenir un ton plus soutenu. Après refroidissement, la pâte blanche pourra être peinte à l'acrylique. N'exposez jamais les objets en pâte à sel dans un environnement humide.

restes de pâte

Enveloppez les restes de pâte dans un torchon, placez-les dans un sachet en plastique et mettez-les au réfrigérateur. Sortez le sac ½ heure avant de travailler la pâte. Si les enfants sont pressés, mettez la boule de pâte dans un sac étanche et plongez-la quelques minutes dans de l'eau bien chaude.

A Kiekebusch.

À petits pas, Noël approche

Comme une parenthèse de friandises et de menus cadeaux, la venue de saint Nicolas annonçait le début des grands préparatifs : confectionner des couronnes pour accueillir les invités, décorer les fenêtres et la cheminée, préparer les guirlandes et les petits souliers. Pour ma grand-mère, rien n'était trop beau ni trop compliqué pour se mettre à l'ouvrage. Elle savait, mieux que quiconque, user de matériaux simples et bon marché pour mettre la maison en fête. Mais elle avait aussi une imagination débordante pour me conter Noël et inventer des jeux qui sentaient bon la neige.

Pauli

Une fête de Noël qui « conte » !

Ô grand saint Nicolas,
mon bon saint Nicolas… 80

À la Sainte-Lucie, fêtons la lumière ! 84

Tante Arie, mère Noël et fée des logis 87

Ô grand saint Nicolas, mon bon saint Nicolas...

à la Saint-Nicolas

On raconte qu'il y a bien longtemps, saint Nicolas délivra trois petits enfants qu'un boucher fort méchant avait mis au saloir. Depuis ce jour, le bon saint Nicolas protège les enfants.

Chaque année, dans la nuit du 5 au 6 décembre, accompagné de son âne (et parfois du père Fouettard et de sa trique à garnements !), saint Nicolas dépose des ***papillotes***, des ***clémentines*** et de délicieux ***bonshommes en brioche*** dans les souliers des enfants sages.

Ce sont les mamans attentives qui façonnent en grand secret ces « Jean Bonhomme » (Franche-Comté), que l'on appelle aussi mannala (« petit homme ») en Alsace et Grittibänz (« bonhomme de pâte ») en Suisse. Pour réaliser 8 à 10 pièces, délayez dans un saladier 20 g de levure de boulanger avec ½ verre de lait tiède et 100 g de farine. Couvrez d'un torchon et laissez lever 45 minutes. Ajoutez au levain 60 g de sucre en poudre, 1 sachet de sucre vanillé, une pincée de sel, 1 œuf entier, 200 g de farine et 60 g de beurre ramolli. Travaillez la pâte pendant 15 minutes avant de façonner des boudins allongés. Serrez la pâte entre vos doigts pour modeler la tête et tranchez-la aux ciseaux pour former les bras et les jambes. Décorez avec des raisins de Corinthe. Posez chaque petit homme sur une plaque beurrée, laissez à nouveau lever 30 minutes. Badigeonnez d'un jaune d'œuf battu avant d'enfourner à 160 °C pendant environ 20 minutes. Ces « Jean Bonhomme » feront le bonheur des gourmands, accompagnés, le soir de la Saint-Nicolas, d'un grand bol de chocolat chaud.

nic nac et pomponettes

Je tiens de Claire, qui vit au plat pays, l'histoire des nic nac de la Saint-Nicolas. Quand, à la nuit tombée, la veille du 6 décembre, les fenêtres entrouvertes dans le froid de l'hiver, les enfants gagnent leur lit, ils restent silencieux, l'oreille aux aguets. Un grand bruit, les portes qui claquent et une poignée de nic nac qui entre d'un jet par la fenêtre. Saint Nicolas est passé ! On tremble mais on se lève et on court ramasser les petits biscuits. On compte les ***lettres de l'alphabet***, il y a des ***chiffres*** aussi. Demain commenceront les jeux, on écrira des mots, des phrases comme on pourra avant de croquer ces petits gâteaux du père saint Nicolas ! Et les plus grands ?, demanderez-vous.

Eux aussi ont leurs nic nac bien à eux, des petits biscuits secs avec une toute petite ***meringue de sucre*** juste au milieu. Elles sont pleines de couleurs, il y a du rose, du jaune, du bleu, du blanc, et, pour ne pas tout mélanger, on les appelle des pomponettes.

La recette s'est perdue dans les brumes du nord, mais pour retrouver ce parfum d'autrefois, une pâte à sablés suffira. Découpez des lettres et des chiffres dans la pâte en vous aidant de gabarits dessinés sur du papier. Les enfants entameront leur premier scrabble avant de les grignoter !
Pour les pomponettes, coupez des cercles assez épais à l'aide d'un petit verre, dentelez le tour avec la pointe d'un couteau, piquez la pâte et faites cuire à four moyen.
Les pomponettes refroidies, coiffez-les d'une meringue de sucre glace épais déposée à l'aide d'une douille à gâteaux.
Pour les teinter, il ne vous faudra que quelques gouttes de colorant alimentaire.

spéculoos

Entre souvenirs d'enfance et légendes, Claire m'a entraînée vers d'autres douceurs, les spéculoos, ces petits biscuits à la saveur d'***épices*** et de ***caramel***. Imprimés de jolies images de Noël à l'aide de moules en bois, ils deviennent incontournables le jour du 6 décembre. On raconte même qu'ils sont les préférés du grand saint Nicolas. Pour réaliser une vingtaine de pièces moulées, mélangez au mixer 250 g de farine, 175 g de beurre ramolli, autant de vergeoise brune, 1 œuf, 1 cuillerée à café de levure chimique, 1 de cannelle en poudre, 1 autre d'épices à pain d'épice et une pincée de sel. Formez une boule et laissez reposer 2 heures au frais. Étalez la pâte. Imprimez des motifs en pressant des moules à spéculoos (ou à springerle) sur la pâte ou découpez des rectangles au couteau. Enfournez à 160 °C pendant ¼ d'heure. Goûtez, savourez, laissez fondre sous la langue ces merveilles en dégustant un bon café… et cédez à la tentation de les confectionner bien au-delà des fêtes !

À la Sainte-Lucie, fêtons la lumière !

gourmandises du 13 décembre

En Suède et dans tous les pays du nord, le 13 décembre scintille de jolies traditions quand la plus longue des nuits s'impose au milieu de l'hiver.

En ce jour si court, la lumière ne durant que quatre petites heures, on célèbre la Sainte-Lucie pour fêter le retour du soleil. Dès le matin, les enfants se rassemblent dans la chambre de leurs parents et c'est l'aînée des filles qui prépare le café et dépose sur le lit un plateau garni de ***pains d'épice*** et de petits ***pains au safran***. Et quand la nuit s'installe, toutes les petites filles, vêtues de blanc et coiffées de couronnes surmontées de bougies illuminent la nuit en entonnant des chants de Noël. Alors on s'installe au coin du feu pour déguster les pâtisseries du jour accompagnées d'un bon « ***glögg*** » fumant, un vin chaud additionné de vodka et d'une racine de gingembre détaillée en petits morceaux.

Lussekatter

Kerstin m'a fait goûter les « chats de Lucie », ces petits ***pains au safran*** qui font le délice des Suédois le jour du 13 décembre. J'en ai encore « les moustaches » qui frissonnent. Pour 6 petites brioches, versez 25 cl de lait tiède et 75 g de beurre fondu dans un saladier. Ajoutez 80 g de sucre en poudre, 450 g de farine, 1 dosette de pistils de safran et 1 sachet de levure de boulanger. Pétrissez la pâte pendant 15 minutes puis laissez lever 45 minutes dans un endroit chaud. Façonnez des brioches en forme de « S », parsemez de raisins secs avant de badigeonner de jaune d'œuf. Enfournez à 180 °C pendant 25 minutes. Moelleuses à souhait, ces brioches sont encore meilleures tièdes accompagnées de confiture d'airelles.

couronne suédoise

Pour mon amie Kerstin, la couronne de la Sainte-Lucie se doit d'être ceinturée de ***rouge*** et accompagnée de bougies d'un ***blanc*** immaculé, signe de lumière et de pureté. Restez vous aussi dans la tradition mais créez un modèle original. Remplissez une assiette blanche et creuse de petits bouquets de baies rouges. Peignez quatre pinces à linge en blanc. Avec un pistolet à colle, collez sur une de leurs extrémités une toute petite tôle à gâteaux, dont vous aurez auparavant percé le fond pour y glisser un clou. Il servira de « pique » pour les bougies. Garnissez chaque pince d'un nœud rouge puis placez les bougies autour de l'assiette en pinçant les pinces à linge sur les bords. Pour la touche finale, déposez au milieu des baies un petit oiseau de verre ou de papier mâché, blanc comme neige.

Tante Arie, mère Noël et fée des logis

* les bons principes de tante Arie *

Autrefois, au pays de Montbéliard, quand les grands froids s'accompagnaient de neige, une femme d'un grand âge, mi-fée mi-sorcière, quittait les forêts sombres du Jura. On l'apercevait juchée sur son petit âne gris, agitant son bâton à foudre couvert de givre et faisant tinter son sac à sortilèges. Tout le monde attendait la venue d'Arie, « mère Noël », mais on la craignait aussi car elle vérifiait tout de la propreté et de la bonne tenue des logis. On raconte aussi qu'elle aidait les fileuses à finir leur ouvrage. Aujourd'hui, elle dépose dans les maisons des pelotes de laine. Empoignez vos aiguilles, c'est le moment de ***tricoter*** des écharpes moelleuses pour toute la famille ! Aux enfants sages, tante Arie distribuait bonbons et cadeaux, les encourageait à ***faire place nette*** dans leur chambre. De biens jolis principes qui les encourageront à vous ***aider*** à mettre la maison en fête !

cueillette d'hiver

On raconte qu'aujourd'hui encore, à la Noël, tante Arie hante les montagnes du Lomont. Si vous avez le bonheur de vous y promener avec les enfants, cueillez des ***baies***, ramassez des ***cônes de sapin***, des ***faines***, des ***écorces*** pour décorer la table de Noël et prêtez l'oreille ! Si, au loin, tinte la clochette de tante Arie, alors sans faire de bruit, prononcez un vœu. Il sera exaucé !

De fenêtres en toits de fête

Accrochez Noël à votre porte 92

La magie de Noël s'installe aux fenêtres 97

Noël s'accroche au balcon 101

Petits flocons d'hiver 103

Ma cheminée en tenue de soirée 107

Chaussettes de Noël
et petits souliers coquets 110

Le motif fait la frise 114

Accrochez Noël à votre porte

couture récup

Vous n'aimez rien jeter ? Alors fouillez dans vos tiroirs, sortez les vêtements de coton et les lainages trop petits, triez vos boutons et sélectionnez tous ceux qui sont dans des tons de saison. Puisez dans vos ***restes*** de laine, vos ***chutes*** de tissu. Rassemblez tous les ***petits bouts*** de rubans qui vous restent et procurez-vous quelques supports de base en paille ou en polystyrène. Vos couronnes de bienvenue habillées d'un rien feront de vous le roi ou la reine de la récup !

mini-couronnes

De toutes petites couronnes à votre porte, pourquoi pas ? Alignez-en 3 l'une à côté de l'autre pour souhaiter la bienvenue à vos invités. Pour les fabriquer, coupez deux longueurs de fil de fer par couronne, passez les fils dans les trous de ***boutons*** de différents tons, vert et blanc ou beige à marron en alternant les couleurs. Lorsque votre couronne est suffisamment fournie, formez un anneau avec le fil de fer et entortillez ses extrémités ensemble. Coupez le surplus de fil avec une pince coupante avant de le cacher en nouant dessus un ruban aux tonalités assorties.

Faute de boutons, créez une variante, toujours dans l'esprit « récup ». Sélectionnez une gamme de papiers unis et imprimés de couleurs assorties. Puisez même dans les magazines imprimés sur papier glacé. Poinçonnez les papiers avec un gros ***emporte-pièce rond*** puis percez le centre des pastilles. Enfilez le tout sur un fil de fer en mélangeant les papiers. Vous pouvez aussi glisser quelques perles de temps à autre pour séparer les éléments. Ces couronnes ne coûtant pratiquement rien, n'hésitez pas à en créer une ribambelle pour les accrocher à toutes les portes de la maison.

c'est le pompon

Choisissez dans vos restes de ***laine***, ceux qui sont de couleur blanche de ***toutes grosseurs***, de ***toutes textures***, lisses, bouclés ou douillettement velus. Préparez des cercles de carton de différents diamètres évidés en leur milieu. Groupez-les deux par deux pour y enrouler la laine. Quand ils sont assez fournis, passez la lame des ciseaux entre les cartons, coupez la laine, rassemblez tous les brins en nouant autour d'eux un fil très serré puis dégagez les pompons. Piquez-les côte à côte avec des épingles sur une couronne en polystyrène. Alternez les tailles puis ajoutez, entre les pompons, quelques feuillages découpés dans des chutes de feutrine ou de lainage blanc ou vert.

monogramme

Annoncez-vous pour souhaiter la bienvenue à vos invités en affichant la ***première lettre*** de votre prénom sur la porte d'entrée. Choisissez une jolie police d'écriture et imprimez-la au format A4. Servez-vous de ce gabarit pour tracer une lettre identique sur un morceau de carton plume. Découpez au cutter et recouvrez entièrement de papier de soie vert en le collant sur le dessus et les bords de la lettre. Préparez des petits bouquets de feuillage d'hiver en reliant leurs tiges avec du fil de fer. Fixez ces petits bouquets sur la lettre en suivant ses contours et en les faisant se chevaucher. Vous pourrez coller le monogramme sur la porte avec de l'adhésif double-face ou l'accrocher avec un ruban.

messages de Noël

Récupérez un cercle d'abat-jour de 25 cm de diamètre et recouvrez-le d'une bande de papier kraft ou crépon enroulée bien serrée et sécurisée par quelques points de colle. Placez des ***pinces à linge*** en bois sur le pourtour de cette couronne improvisée en les espaçant d'environ 7 cm et en les tournant alternativement vers l'intérieur et l'extérieur du cercle. Nouez un ruban rouge pour suspendre. Glissez dans le mors des pinces des dessins d'enfants sur le thème de Noël et des messages de bienvenue.

du plafond à la porte

Vous avez l'âme artiste ? Alors allez faire un petit tour en grande surface de bricolage et arrêtez-vous devant les ***rosaces en polystyrène***. Elles feront de bien originales couronnes de bienvenue ! Choisissez un modèle présentant un noyau central de diamètre assez grand et supprimez-le en le découpant au cutter puis pratiquez une fente sur un des côtés de la couronne pour pouvoir y glisser un ruban de suspension. Poncez la découpe avant de peindre la couronne à l'acrylique blanche. Après séchage, patinez la couleur au chiffon avec de la cire or ou argent. Parsemez le pourtour de la couronne avec des perles blanches et rouges simplement piquées avec des épingles. Pour animer votre décor, glissez de temps en temps sous les perles de petits cercles découpés dans du tissu lamé. Passez enfin le ruban de suspension dans la fente, nouez et suspendez !

couronnes gourmandes

Attention, voici une couronne qui risque de se faire dépouiller avant que Noël n'arrive ! Faites provision de plusieurs sachets de ***bonbons « gomme »*** en forme de boules. Question couleur, vous avez le choix entre rouge, vert ou blanc, les coloris incontournables de Noël. Piquez les gommes serrées l'une contre l'autre sur une couronne de polystyrène avec des cure-dents en bois. Laissez les piques dépasser jusqu'au recouvrement total de la couronne puis arasez-les à la pince coupante. Placez cette couronne contre une porte intérieure à l'abri des petites mains ou à hauteur de celles-ci, si vous ne craignez pas que la couronne perde son ramage devant l'œil gourmand des enfants !

La magie de Noël s'installe aux fenêtres

dessin éphémère

Sans attendre le premier flocon, déposez une pointe de féerie sur vos fenêtres. Versez dans un bol des pigments blancs en poudre (***blanc de Meudon*** ou ***d'Espagne***). Portez un masque, les pigments sont très volatils. Ajoutez progressivement un peu d'eau jusqu'à obtenir une crème fluide. Pour peindre votre décor avec facilité, dessinez-le à taille réelle sur un papier et scotchez-le derrière la vitre. Vous n'avez plus qu'à suivre les motifs avec un pinceau imprégné de blanc. Et quand les fêtes seront terminées, un simple coup d'éponge fera tout disparaître.

carreaux givrés

Inutile d'investir dans des décors de fenêtres hors de prix ! Un rouleau d'***adhésif transparent*** satiné, du papier, un crayon et des ciseaux sont les seuls accessoires dont vous aurez besoin pour fabriquer vos propres stickers de

Noël ! Dessinez des étoiles de toutes sortes et tailles ou des silhouettes de renne et de Père Noël, sur le papier de protection de l'adhésif. Découpez et collez sur les vitres. En un rien de temps, la maison sera en fête !

petits flocons

S'il ne neige pas encore, invitez les petits flocons dans la maison en habillant vos fenêtres de ***pastilles de papier blanc*** taillées avec des emporte-pièce ronds de différents diamètres. Percez deux trous en vis-à-vis le long des bords et enfilez les pastilles sur un fil de nylon. Faites-les pendre devant la fenêtre en les accrochant à une branche légèrement blanchie suspendue à la tringle à rideaux. Pour ajouter un soupçon de poésie à votre décor, bombez la branche de fausse neige et accrochez-y quelques oiseaux de verre.

store lumineux

Pour maintenir la chaleur et l'intimité dans votre « home, sweet home », fabriquez un store lumineux à accrocher à votre fenêtre. Choisissez un ***panneau de lainage*** blanc à armure lâche aux dimensions de l'embrasure et suspendez-le devant les vitres. Écartez délicatement les fibres pour introduire depuis l'arrière du rideau les ampoules d'une ***guirlande électrique***. Placez-les en semis sur toute la surface du store. Branchez la guirlande. La nuit étoilée s'installe dans votre maison !

lanternes

C'est la saison des ***mandarines***, ne jetez plus les pelures ! Coupez les fruits en deux et détachez les quartiers à la petite cuillère. Régalez-vous au passage en faisant le plein de vitamines mais laissez en place la tige blanche du fruit dans l'une des demi-coques. Ouvrez une cheminée dans le fond de la deuxième coque en taillant une étoile dans l'écorce. Versez un peu d'huile neutre (colza ou paraffine) au fond de la lanterne, allumez la mèche puis coiffez-la de son chapeau évidé. Réalisez de la même manière plusieurs lanternes et posez-les en ribambelle sur le rebord de la fenêtre. La nuit s'illuminera d'un doux halo, couleur d'ambre.

Pour un effet « ciel étoilé », pratiquez un semis de petits trous sur le couvercle de la mandarine. Percez l'écorce avec un emporte-pièce à frapper de 5 mm de diamètre.

verre floqué

Vous aimez les paillettes ? Embellissez un simple verre et faites-en un photophore qui scintillera sur votre table de Noël. Glissez un papier à l'intérieur du verre pour mesurer sa circonférence. Retirez ce gabarit et pliez-le en quatre. Dessinez ou décalquez une silhouette de Père Noël ou un autre motif de saison. Découpez sans totalement détacher le papier sur les côtés puis scotchez la ribambelle à l'intérieur du verre. Suivez le dessin par transparence avec l'embout d'un tube de colle, enduisez toute sa surface puis parsemez-la de ***paillettes blanc irisé***. Posez votre photophore sur une petite assiette remplie de sel fin et glissez une bougie blanche à l'intérieur du verre en la calant avec du gros sel.

photophore poétique

J'ai trouvé sur ma fenêtre, un matin d'hiver, un nid d'oiseau couvert d'herbes fanées et de givre. Transporté par le vent ? Peut-être. Il s'en dégageait tant de poésie que j'ai décidé de le faire revivre. Différemment… et joliment. J'ai rempli une coupelle de verre ronde avec de la mousse fraîche ramassée au jardin et j'ai posé dessus trois bougies blanches pour chauffe-plats. Ce nid improvisé a pris place sur le rebord de la fenêtre, entre quelques branchages de noisetier garnis de leurs chatons floconneux. Touche ultime, une petite guirlande lumineuse équipée d'un boîtier à piles enroulée autour de la coupelle et un petit oiseau en verre mercurisé accroché sur l'une des branches. La nuit venue, au bord du ***nid illuminé***, flottait l'ombre de l'oiseau. Magique !

Noël s'accroche au balcon

effet neige

Parez votre balcon de ses plus beaux atours. Bordez la barrière de branchages secs et de plumets de sapin reliés ensemble par des brins de fil de fer et ajoutez quelques petits bouquets de baies rouges. Pour les mettre en valeur quand la nuit sera venue, faites courir une guirlande d'extérieur à ampoules blanches et fil vert autour des branchages puis accrochez-y quelques ***boules blanches*** incassables au bout d'un fil de nylon. Laissez-les pendre à différentes hauteurs, pareilles à des flocons de neige.

Si vous n'avez pas de balcon, installez ce décor sur la façade en utilisant des branches légères et en les arrimant solidement au rebord de la fenêtre.

pots et jardinières détournés

Plutôt que de remiser pour l'hiver les pots accrochés à votre balcon, videz-les et nettoyez-les en les faisant tremper dans un bain de bicarbonate de soude. Après avoir obstrué leur fond, remplissez-les à moitié de sable et enfoncez au centre une grosse bougie. Garnissez le tour avec de la mousse naturelle. Vos ***bougeoirs*** sont prêts à scintiller !

Des jardinières peuvent aussi convenir. Pour une belle harmonie, plantez-y un nombre impair de bougies. Et si vous n'avez pas de balcon, posez les pots dans le jardin ou le long de la façade de votre logis. Ils nimberont la nuit d'une douce lumière.

Petits flocons d'hiver

cristaux en relief

Donnez du relief à un mur blanc en l'habillant de faux cristaux de neige. « Dessinez » la forme des cristaux avec de l'adhésif double-face repositionnable. Recouvrez l'ensemble du tracé avec des ***boules de cotillon***. Serrez-les pour bien masquer l'adhésif. L'hiver passé, vous pourrez détacher vos flocons du mur sans l'abîmer.

flocons légers

Si légers, les ***mini-napperons de papier*** blancs destinés aux petits gâteaux et aux soucoupes des tasses à café ! Et tellement délicats, qu'ils évoqueront les flocons si vous les suspendez au-dessus de la table de Noël. Accrochez-les au bout d'un fil de nylon et punaisez-les au plafond. Ils danseront au moindre souffle d'air. Vous pouvez aussi les mélanger avec de vraies silhouettes de cristaux découpées dans plusieurs napperons à la fois.

flocons douillets

Il fait frais chez vous ? Faites une pause et pelotonnez-vous dans un plaid. Pour réaliser un vrai modèle de saison en un rien de temps et peu d'argent, découpez des formes de cristaux de neige dans un métrage de ***feutrine blanche***. Collez-les en patchwork sur un grand carré de lainage gris, beige ou bleu pâle. Vous êtes paré pour affronter les longues soirées d'hiver.

marque-place

Rappelez-vous les bricolages de votre enfance quand on vous demandait de créer des bonshommes ou des animaux avec des ***cure-pipes***, ces fils de fer « chenille » tout doux. Renouvelez l'expérience avec les enfants ! Façon déco, façon hiver pour que la maison soit en fête pour Noël ! Dessinez des motifs de cristaux sur un papier et utilisez-les comme patrons pour couper toutes les branches à la bonne longueur dans des cure-pipes blancs. Entortillez simplement les différents éléments ensemble pour reconstituer des cristaux entiers. Gardez-les pour décorer la table de Noël. Posés dans les assiettes, ils feront de jolis marque-place.

effet graphique

Les ***œillets***, les ***gommettes***, collés en ligne, se prêtent tout à fait aux motifs graphiques. Utilisez-les pour reproduire joliment des silhouettes de cristaux de neige ou une myriade de flocons. Ils s'accrocheront sur le papier de vos paquets cadeaux, sur des cartes de vœux, un menu de Noël ou des petits cahiers, de quoi consigner en beauté vos meilleures recettes pour les fêtes.

boule à neige

Souvenez-vous ! Un petit globe de plastique rempli d'eau où sont enfermés un Père Noël, une biche ou une maisonnette enneigée. On secoue, on retourne. Il neige ! Quel bonheur ! On recommence. Combien d'entre vous ont essayé ? Pour ce joli souvenir, fabriquez vous-même une boule à neige. Récupérez un ***bocal à couvercle*** bien étanche. S'il a des bords galbés, ce sera encore plus joli. Peignez le couvercle en vert puis collez-y un petit Père Noël, un sapin ou d'autres éléments qui racontent une histoire. Les sujets en plastique pour la bûche de Noël conviennent parfaitement. Quand la colle est bien sèche, remplissez le bocal d'eau en laissant un vide d'air et ajoutez une poignée de ***paillettes*** blanches. Fermez le bocal et retournez-le. Quel bonheur ! Il neige !

pyramide lumineuse

Et si la neige, la vraie, s'est installée devant chez vous, demandez aux enfants d'en remplir vos ***pots de fleurs*** ou vos ***jardinières*** vides. Faites-leur ensuite construire une pyramide de boules de neige au sommet de chaque pot et installez sur la dernière boule une verrine de verre à demi remplie de gros sel. Glissez dedans une bougie chauffe-plats débarrassée de sa coupelle d'aluminium. N'allumez vos bougies qu'à la nuit tombée. Le sel et le froid les aideront à brûler lentement et à durer plus longtemps.

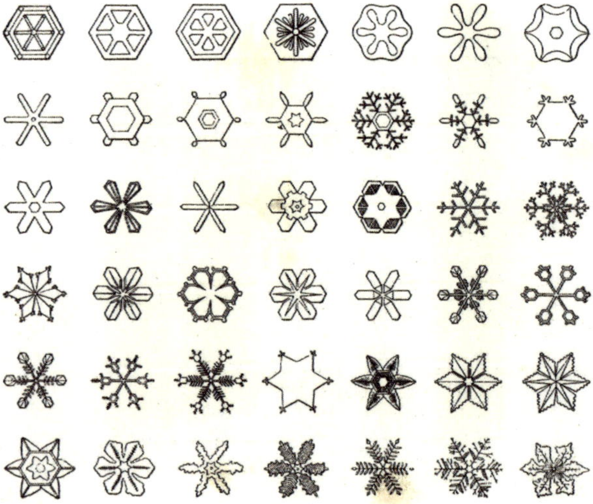

Ma cheminée en tenue de soirée

joli manteau de cheminée

Mettez en beauté le dessus de votre cheminée. Placez-y des ***photophores*** et des ***bougies***. De simples pots de yaourt en verre prendront un air de fête si vous les recouvrez d'un collage de dentelle ou de papier de soie, de motifs de serviettes ou de chromos de Noël. Vous pouvez aussi les peindre de petits motifs blancs, rouges, or. Les motifs graphiques, pois, astérisques, croix, sont faciles à dessiner sans modèle, mais en plaçant un dessin à l'intérieur du verre vous n'aurez qu'à suivre les traits avec le pinceau ou l'embout d'un tube de peinture tridimensionnelle. Gardez le même style pour l'ensemble de vos réalisations, ajoutez des branchages, des fruits secs, des pommes de pin peintes à la bombe dans les mêmes tons que le décor. Vous créerez ainsi une belle harmonie.

paysage d'enfance

Les fleurs d'hiver invitent aussi à la décoration. Déposez sur une planche installée sur le manteau de cheminée des gobelets en métal remplis de ***roses de Noël***. Posez à côté une véritable bûche, ajoutez de la ***mousse*** fraîche, des branches de gui, puis animez votre « paysage » en posant entre les fleurs une figurine de renne et quelques boules de Noël à l'ancienne en forme de ***champignons***… c'est comme un parfum d'enfance qui entre dans la maison !

reflets de lumière

Un ***miroir*** simplement posé sur la cheminée derrière les bougies fera scintiller le reflet des flammes dans toute la pièce. Pour amplifier l'effet, posez chaque bougie sur des petits miroirs individuels.

trompe-l'œil

Si vous n'avez pas de cheminée, fabriquez-en une en trompe-l'œil. Inspirez-vous d'une ***image de cheminée ancienne*** pour reporter le dessin de sa façade sur un grand carton de récupération. Aidez-vous d'un photocopieur si besoin pour agrandir le dessin et découpez le carton au cutter. Reportez les détails de la façade avec un marqueur fin ou peignez-la dans un ton couleur de pierre. Vous pouvez installer votre cheminée directement contre le mur à l'aide de quelques pointes fines, l'appuyer contre une console murale ou construire un caisson en assemblant des plaques de carton. Pour la rendre encore plus « vraie », déposez des bûches dans l'âtre et habillez son manteau de branches de sapin, de houx et de pommes de pin.

Chaussettes de Noël et petits souliers coquets

chaussettes de Noël

Je tiens de May, qui fit le délice de mes années anglaises, la véritable histoire des chaussettes de Noël. Il était une fois trois jeunes filles si pauvres qu'elles ne possédaient qu'une seule paire de chaussettes. Chaque soir, elles les lavaient et les faisaient sécher devant la cheminée. Quand, dans la nuit du 24 décembre, le Père Noël passa par là, il devina tout et jeta prestement trois poignées de pièces d'or par la cheminée. En tintant, les pièces, d'un bond sautèrent dans les chaussettes. Ce qui fit le bonheur des trois jeunes filles. Depuis ce jour-là, tous les enfants, en Angleterre, accrochent une chaussette à cadeaux devant la cheminée ou au pied de leur lit.

Pour perpétuer cette jolie coutume, fabriquez des chaussettes de Noël en découpant leur forme double dans de la ***feutrine*** ou du ***tissu***, taillez-les dans un ***vieux pull*** ou procurez-vous de grosses ***chaussettes de montagne*** en laine rouge ou écrue. Décorez-les avec des boutons cousus, des rubans ou simplement l'initiale du prénom de chaque enfant découpée dans de la feutrine. Quand vous les installerez avec les enfants, tendez un fil au bout de leur lit ou devant la cheminée, ou encore entre deux chaises appuyées contre un mur. Accrochez les chaussettes avec des pinces à linge en bois et remplissez-les de petits cadeaux, de bonbons et de chocolats.

chaussettes de papier

Renouvelez l'usage des chaussettes de Noël. Découpez-les en double dans du papier, assemblez-les sans fermer le dessus. Pour les décorer, collez des paillettes, des sequins, des rubans, ornez-les avec de la peinture tridimensionnelle. Quand s'annoncera le repas de Noël, vous pourrez glisser le ***menu*** dans chacune de vos créations et les poser dans l'assiette de vos invités.

petits souliers porte-bonheur

N'attendez pas le dernier moment pour préparer les petits souliers. Prenez l'empreinte des pieds de chaque membre de la famille et taillez des semelles dans du carton en vous aidant des patrons relevés. Découpez une empeigne plus large que la semelle et collez-la à l'avant des souliers en arrondissant sa forme à la main. Peignez et décorez chaque paire de chaussures en les agrémentant de cabochons collés, de rubans noués, de papiers découpés. Au moment d'installer ces petits souliers décoratifs devant la cheminée, glissez à l'intérieur une ***pièce de monnaie*** pour porter bonheur à chacun.

Alliez le côté décoratif à l'utilitaire. Servez-vous de votre patron pour découper les différentes pièces dans du feutre. Doublez la semelle et rigidifiez-la en glissant une semelle de cuir ou de carton souple entre les deux épaisseurs. Assemblez les différentes pièces avec une aiguillée de laine. Ces pantoufles faites « maison » habilleront vos pieds et ceux de vos enfants tout au long de l'hiver.

embellissements

Mettez en beauté toutes les chaussures de la maisonnée. Il suffit d'un peu de cirage et d'un chiffon de laine pour d'abord faire briller tous les petits souliers. Puis, remplacez les lacets par des rubans, accrochez des grelots à leurs extrémités et posez, contre chaque paire de souliers, un petit carton avec le nom de chacun.

Le motif fait la frise

guirlandes de papier

En attendant Noël, ma grand-mère fourmillait d'idées pour m'occuper. Je passais des journées entières à découper des bandes de papier et à les plier en accordéon pour fabriquer des guirlandes. Pour dessiner les motifs, Grand-maman utilisait toutes sortes d'outils, des pochoirs, des gabarits, des emporte-pièce à gâteaux. Elle s'inspirait aussi de dessins de broderie pour tracer des silhouettes de sapins, de bonshommes de neige, de lutins, de rennes, d'ours, d'anges, d'oiseaux ou encore de cœurs ou de champignons. Je découpais les motifs en laissant un lien d'attache sur les côtés. Les guirlandes dépliées, je les posais entre les ***branches du sapin***. Grand-maman les accrochait aussi au ***bas des fenêtres***, elle ornait ***l'embrasure des portes*** ou collait délicatement les frises sur les ***nez de marches*** de l'escalier.

Servez-vous aussi des guirlandes de papier pour remplacer les rubans autour des ***paquets cadeaux*** ou pour entourer de simples verres détournés en ***photophores***.

motifs alternés

Pliez une bande de papier en accordéon puis dépliez-la pour la mettre à plat. Pour simuler le sol, tracez un trait horizontal à 2 cm de la base de la bande sur toute sa longueur. Dessinez un sapin sur le premier rectangle de l'accordéon. Regroupez quelques plis et découpez en suivant le tracé du sapin et du sol. Remettez à plat pour dessiner une nouvelle silhouette (sapin de taille différente, Père Noël, renne). Découpez puis répétez le même principe sur toute la longueur de la bande. Préparez plusieurs ***paysages***. Vous les poserez debout sur un meuble, sur le dessus de la cheminée ou au centre de la table.

matières à frises

Essayez d'autres matières, fines et souples, pour réaliser des frises adaptées à d'autres supports. Des ribambelles taillées dans de la ***feutrine*** pourront décorer un plaid, des coussins de saison, le bord d'un abat-jour. Collez la feutrine avec de la colle textile ou cousez-la à petits points. Avec du ***cuir fin*** ou du ***skaï,*** vous fabriquerez des ceintures ou des embrasses de rideaux. Autant d'idées cadeaux pour faire plaisir à toute la famille.

En secret, les cadeaux se préparent

Papiers ordinaires ou précieux, bouts de ficelle
ou rubans de satin, matières de trois fois rien,
il me suffisait de puiser dans tout ce que j'avais
sous la main pour transmettre avec fantaisie
des vœux merveilleux à toute la famille.
Le temps des cadeaux fourmillait aussi d'inventivité.
Douceurs, saveurs et senteurs avaient droit
aux plus beaux des emballages. Même le plus
petit paquet méritait un écrin de fête. C'est ainsi
que j'ai appris à cultiver l'art du présent.
Sans oublier personne. Une façon de fabriquer
un peu de bonheur. Tout simplement.

Noël se fête aux quatre coins du monde

Je « vœux » pour vous
la plus belle des cartes 120

Comme un tableau, les cartes s'exposent 125

Étiquettes et bouts de ficelle 128

Je « vœux » pour vous la plus belle des cartes

des vœux qui tournicotent

Démarquez-vous ! Récupérez un vieux ***disque de stationnement*** et démontez-le. Découpez la forme de la pochette et du disque dans du papier cartonné de couleur. Taillez au cutter les fenêtres uniquement sur la face avant de la pochette, laissez l'arrière vierge pour y écrire un petit mot. Décorez la pochette à l'aide de tampons ou collez des chromos ou des motifs de serviettes en papier. Glissez le disque dans sa pochette, percez son centre et attachez le tout avec une attache parisienne ou un œillet. Inscrivez vos vœux au creux des fenêtres. En faisant tourner le disque, vous pourrez écrire jusqu'à 14 messages. Glissez la carte dans une enveloppe carrée de couleur assortie et comme en Angleterre, aux États-Unis, en Argentine ou au Japon, envoyez-la dès la mi-décembre pour être sûr qu'elle arrive avant Noël.

vœux en vrac

Casse-tête pour vos correspondants que cette carte qu'ils recevront en pièces détachées ! Décorez une ***carte puzzle*** vierge en peignant un décor de Noël ou en utilisant des tampons. Votre œuvre terminée, détachez les différentes pièces du puzzle et glissez-les dans un sachet transparent. Pensez à agrafer une étiquette au nom du destinataire accompagnée d'un mode d'emploi.

Pour vous faciliter la tâche, utilisez une machine à puzzle conçue pour les enfants, que vous trouverez en magasin de jouets ou directement sur le site du fabricant (www.hearthsong.com) en cherchant « the puzzle maker ».

vœux pour gourmets

Pour les gourmets qui vous entourent, concoctez des cartes qui réjouiront autant les yeux que les papilles. Découpez dans un papier de couleur la silhouette d'une tasse au format réel. Décorez-la d'étoiles, de sapins ou de cristaux de neige poinçonnés avec des emporte-pièce dans du vinyle adhésif. Fixez les côtés et le fond de la tasse sur le devant d'une carte par quelques points de colle. Avant d'expédier votre missive, glissez un ***sachet de thé*** de qualité entre les deux épaisseurs en laissant pendre la ficelle à l'extérieur. Affichez vos vœux en collant une étiquette « Joyeux Noël » sur la vignette du sachet de thé.

Pour les amateurs de café équipés d'une machine, remplacez le sachet de thé par une ***dosette d'arabica***.

Sur le même principe, dessinez une silhouette de boîte à gâteaux et glissez dans la boîte un ***petit sablé*** emballé dans du papier cristal. Il sera encore plus apprécié si vous avez joué les pâtissiers ! Pensez à accompagner votre carte de la recette de vos petits gâteaux !

vœux vagabonds

Laissez vos cartes prendre la clé des champs pour aller transmettre vos vœux à tous vos amis. Sélectionnez parmi vos clés un modèle qui ait un joli profil et agrandissez-le au photocopieur. Découpez la silhouette obtenue dans un papier de couleur épais. Pour embellir la ***clé***, soulignez ses contours avec de la peinture relief ou collez des paillettes puis attachez un ruban muni d'une étiquette autour de l'anneau. Inscrivez-y vos vœux avant d'expédier votre carte.

marque-page

Une simple ***étiquette américaine***, décorée de collages, de motifs imprimés au tampon ou de peinture relief, deviendra à la fois carte de vœux et marque-page. Remplacez l'attache en fil de fer par un ruban et glissez-la dans une enveloppe aux couleurs assorties à votre décor. Vos amis passionnés de lecture savoureront le plaisir de ce petit cadeau tout au long de l'année.

art postal

A Noël, il est permis de faire preuve d'originalité. Sur la face intérieure d'assiettes en carton rouges vertes ou blanches, dessinez un sapin avec trois timbres de 1 cent, cinq de 5 cents et trois de 10 cents. Collez un timbre de 5 cents à la cime du sapin, ajoutez un rang de deux timbres jaunes. Au troisième rang, collez un timbre brun, un gris, un brun et pour la dernière rangée, un gris, deux bruns, un gris. Terminez par le pied avec un timbre de 1 cent. Dessinez une étoile au sommet du sapin puis inscrivez l'adresse du destinataire sur le côté.

Utilisez le dos de l'assiette pour rédiger votre message. Ne déposez pas vos cartes dans une boîte aux lettres mais rendez-vous à la poste. Sous le tampon du facteur, votre sapin se couvrira de boules.

carte photophore

Étonnez vos amis ! Découpez pour chaque carte un ***rectangle de calque*** de 23 x 9 cm. Décorez toute sa surface au tampon avec des encres rouges, vertes et or. Poinçonnez un trou à chaque extrémité des bandes de papier de manière à ce que les deux orifices se superposent si l'on forme un anneau. Envoyez les cartes à plat accompagnées d'une attache parisienne et d'une bougie chauffe-plats. Mais pensez à ajouter à vos vœux un petit mot d'explication afin que chacun habille, avec votre carte, un verre droit contenant une bougie.

enveloppe en fête

Toutes les cartes de vœux méritent un emballage cadeau qui les mette en valeur. Des ***napperons en papier*** blancs, or ou argent donneront un air de fête à n'importe quelle missive. Pliez les petits napperons en deux et collez-les à cheval sur le bord d'une enveloppe. Ils vous serviront d'étiquettes pour y inscrire les adresses.

Pour transformer les grands napperons en enveloppes uniques, posez votre carte au centre et rabattez les bords en dentelle par-dessus. Collez une étiquette au centre de l'enveloppe, autant pour la fermer que pour écrire l'adresse.

Comme un tableau, les cartes s'exposent

porte-drapeau

Ce sont sans doute les bords de la Tamise qui avaient inspiré cette astuce à May. À moins que son habitude d'être aux fourneaux lui ait alors donné des idées. Pour mettre en valeur les plus belles cartes reçues, elle collait une brochette en bois contre le pli intérieur de chaque carte. Et c'était une armada de drapeaux de Noël qui s'installaient sur le rebord de la fenêtre, plantés dans des ***bocaux remplis de gros sel***.

cadre détourné

Chinez de vieux cadres et remplacez le verre par un morceau de ***grillage à grosses mailles*** aux mesures de l'encadrement. Avant le montage, dorez le cadre et le grillage ou peignez chaque élément dans des tons en accord avec votre intérieur. Agrafez le grillage dans la feuillure et agrémentez le haut du tableau en y collant un sujet de Noël.

Votre cadre est prêt à accueillir toutes les cartes que vous recevrez. Pour les accrocher, servez-vous de mini-pinces à linge dorées.

fourre-tout pour bons vœux

Des ***rubans*** de 4 à 5 cm de large, tendus à l'horizontale sur une ***planche***, vous aideront à bien organiser toutes les cartes reçues. Commencez le gainage de la planche par le haut en laissant dépasser les rubans de chaque côté sur environ 5 cm. Alignez-les les uns en dessous des autres en les faisant se chevaucher légèrement. Collez uniquement leur base pour former des poches. Le montage terminé, rabattez le surplus au dos de la planche et agrafez. Vous glisserez dans ce fourre-tout les cartes et les vœux qui vous enchantent. Et les fêtes terminées, il accueillera joliment le courrier en attente.

les feux de la rampe

Une ***guirlande électrique*** enroulée autour de la rampe de votre escalier mettra en valeur tout ce que vous pourrez y accrocher. Faites courir de façon lâche un ruban ou une ficelle de couleur autour de la guirlande. Accrochez-y des mini-pinces à linge, vertes, rouges ou dorées et suspendez vos cartes.

des vœux bien en vue

Pour ne pas perdre de vue les plus jolies cartes que vous aurez reçues, accrochez-les à vos fenêtres en y collant des ***coins à photos*** fantaisie. Et pour que le décor soit aussi joli dedans que dehors, placez entre les coins deux cartes dos à dos.

multitrombone

Voilà une astuce facile et rapide pour afficher au mur les plus belles de vos cartes. Procurez-vous un rouleau de ***fil de fer*** et un morceau de tube en PVC. Percez ce dernier, enfilez l'extrémité du fil de fer dans l'orifice pour l'immobiliser puis enroulez-le bien serré autour du tube. Coupez le départ de fil à la pince coupante pour dégager le tortillon de fil de fer. Détendez les anneaux et aplatissez la spirale. Coupez-en plusieurs sections, suspendez au mur avec une ficelle ou un ruban puis glissez les cartes entre les anneaux.

Étiquettes et bouts de ficelle

CD détournés

Ne jetez plus les CD publicitaires ou vos enregistrements ratés. Transformez-les en ***étiquettes géantes*** pour vos paquets cadeaux en les recouvrant d'un collage de papier ou en les enveloppant d'une couche de peinture et de quelques embellissements. Glissez un ruban au centre des CD, nouez ensemble les deux brins et attachez ces grandes étiquettes à vos paquets.

gourmandise

Les bonbons, c'est tellement bon ! Pensez aux petits gourmands ! Découpez un cercle de papier, trouez leur centre et glissez-y plusieurs bâtons de ***sucettes***. Enroulez un fil serré à la base de ces « bouquets » et accrochez-les aux paquets après avoir ajouté le nom du destinataire sur une vignette de couleur.

labels encadrés

Pour apporter de la fantaisie à vos étiquettes, recyclez les fils à scoubidou de vos enfants. Perforez le pourtour de rectangles de papier cartonné et faites courir un ***fil à scoubidou*** dans les trous. Il servira à la fois de frise décorative et d'attache. Dans le même esprit, utilisez toutes sortes de ***rubans*** fins, du ***coton à broder*** ou des restes de ***laine***.

papier récup

Fabriquez des étiquettes dans toutes sortes de papiers de récup, des pages de ***magazines***, des chutes de ***papier peint***, du ***papier « scrap »,*** des ***journaux*** étrangers affichant une belle calligraphie et poinçonnez-y des cœurs, des ours, des étoiles à l'aide de perforatrices à grands motifs. Collez les découpes deux par deux envers contre envers. Percez le dessus et accrochez-y un fil. Collez au centre de chaque étiquette une vignette au nom du destinataire.

matière à élégance

Aériennes et translucides, les ***pastilles de nacre*** méritent d'être détournées pour devenir de délicates étiquettes. Destinez-les à des emballages raffinés, gainés de papier blanc, écru ou argent. Pour les accrocher à vos paquets, attachez-les à un fil métallique et inscrivez par transparence le nom du destinataire à l'aide d'un feutre blanc. Une plume de duvet entortillée dans le fil de fer ajoutera de l'élégance et de la légèreté à l'ensemble.

ornements

Il suffit d'un petit plus pour mettre en valeur vos paquets cadeaux. Accompagnez vos étiquettes de quelques ornements. Un à trois ***glands d'ameublement*** groupés ensemble raviront les adeptes de déco intérieure et s'accrocheront aux clés d'armoire dès que les paquets seront défaits. Une série de ***boutons fantaisie*** montés sur un fil seront vite transformés en bijoux fantaisie ou orneront un vêtement pour le plus grand bonheur des « accros » de mode.

Bauer

Les paquets se mettent sur leur trente et un

Les cadeaux de Noël, ça m'emballe 134
Idées toutes enrubannées 138
Tissus noués, c'est empaqueté 139

Les cadeaux de Noël, ça m'emballe

emballages de petits riens

Il suffit de peu de choses pour remplacer le papier cadeau et donner de la personnalité à vos objets. Récupérez des ***matières peu coûteuses*** et mélangez-les en ajoutant des bandes plus ou moins larges sur l'emballage de base. Le carton ondulé, le papier kraft, la toile de jute peuvent aisément s'associer. Empaquetez-les avec de la ficelle de chanvre ou du raphia. En combinant du papier de soie avec du papier crépon, vous créerez des paquets aux allures de bonbons. Nouez leurs extrémités avec de la ficelle à paquets rouge ou blanche ou avec des brins de coton. Et pour accrocher les étiquettes, servez-vous de pinces à linge ou de pinces à dessin laquées de couleurs vives.

des bouteilles bien présentées

Pas facile d'emballer une bouteille. Pourtant, au moment des fêtes, elle mérite mieux qu'une feuille de papier journal. Un joli ***torchon*** prolongera le souvenir d'un moment convivial bien après que le nectar aura été bu. Enroulez la bouteille dans l'essuie-mains et maintenez les épaisseurs avec une épingle de sûreté. Rabattez une partie du tissu sous le culot, piquez une épingle, nouez une ficelle autour du goulot et ajoutez une belle étiquette en indiquant le cru, l'année de récolte, la température idéale de dégustation et les plats qui lui conviennent le mieux.

Pour varier la présentation, offrez les bouteilles emballées comme de vraies papillotes. Glissez-les dans un tube de carton, recouvrez celui-ci de ***papier métallisé de couleur*** puis d'une feuille de ***papier cellophane***. Laissez dépasser les extrémités du papier transparent, entortillez-les au ras du rouleau et nouez d'un bolduc.

recyclage

Plutôt que de jeter les emballages en copeaux de bois, détournez-les. Teintez les ***boîtes à fromage*** ou les ***boîtes à madeleines*** avec des encres de couleur. Pour les personnaliser, dessinez l'initiale du destinataire sur le couvercle et recouvrez-les de boutons, de cabochons, de strass ou de petits rondins.

Dans le même esprit, recyclez les cagettes à mini-pommes de terre. En les peignant et en garnissant leur face intérieure d'une feuille de papier calque vous les transformerez en petits paniers pour y ranger des gâteaux, des chocolats ou des fruits secs. Et si vous souhaitez les munir d'une anse, accrochez-leur un ruban armé de fil de fer.

diablotins de papier

En Angleterre, un repas de Noël n'en est pas un si l'on oublie de déposer un diablotin dans chaque assiette. C'est grâce à un marchand de bonbons londonien que cette tradition a vu le jour il y a presque deux cents ans. Faites-la revivre et fabriquez vous-même vos diablotins, que les Anglais appellent aussi ***crackers***. Récupérez des petits rouleaux de carton (de papier toilette, par exemple), scotchez un pétard ficelle à l'extérieur de chaque cylindre en le laissant dépasser à chaque extrémité du tube. Remplissez celui-ci de friandises, de cotillons et de devinettes et enroulez le tout dans du papier de soie. Fermez-le à la manière d'un bonbon en rassemblant les épaisseurs de papier au ras du cylindre et nouez un ruban. Vos invités se feront un plaisir de tirer sur les pétards ficelles pour les faire crépiter et ouvrir leurs *crackers*.

comme au Japon

Comme au Japon, faites de votre emballage un ***cadeau autour du cadeau***. Posez votre présent au centre d'un grand carré de papier souple. Remontez les bords de la feuille et attachez-les avec un ruban. Écartez les plis, ébouriffez le papier et glissez une jolie fleur en tissu sous le nœud. En fonction du destinataire, remplacez la fleur par une petite voiture, une figurine, une mini-poupée, un stylo ou encore quelques crayons pour les artistes.

Idées toutes enrubannées

révéler la forme

Ne cachez pas dans une boîte le cadeau que vous souhaitez offrir mais laissez sa forme s'épanouir sous un capitonnage de ***rubans de papier***. Découpez de longues bandes étroites dans du papier cadeau et entourez l'objet en croisant vos rubans jusqu'à totalement le masquer. Ajoutez une ficelle ou un ruban de satin très fin pour terminer l'emballage. Votre paquet est digne des œuvres de Christo !

embellir

Comment faire d'un simple paquet un objet cadeau ? Alignez des morceaux de ***ruban*** côte à côte à la verticale sur le pourtour d'une simple boîte carrée ou rectangulaire. Collez les extrémités des rubans sous la boîte et contre le rebord intérieur. Coupez de nouvelles longueurs et ***tissez*** rang par rang à l'horizontale en passant le rubanalternativement au-dessus et en dessous des rubans verticaux. Procédez de même pour le couvercle. Pour finir, collez un papier de protection sur les bords intérieurs ainsi que sur le fond de la boîte.

Tissus noués, c'est empaqueté

tissus noués

Comme au Japon, succombez à l'art du *furoshiki* en emballant vos cadeaux dans des carrés de tissu noués (50, 70, 100 ou 175 cm de côté). Choisissez un tissu souple qui corresponde au goût de son destinataire. Pour une belle finition, pensez à le border. Le cadeau placé au centre du tissu, rassemblez les pointes deux par deux, en vis-à-vis, et nouez-les. Personnalisez le paquet en y accrochant une étiquette ou en glissant la tige d'une fleur en tissu dans l'un des nœuds. Et quand le cadeau sera déballé, votre emballage se transformera en ***foulard*** ou en ***bandana***.

attaches fantaisie

Au lieu de nouer les pointes du tissu, superposez-les et maintenez-les très serrées avec une ***épingle de sûreté « gri-gri »***. Accrochez-y des rubans, des fils garnis de perles ou de boutons et une étiquette en papier coloré.

PARIS

Un cadeau pour chacun

Des présents de petits riens 142
Surprises à dévorer des yeux 146
Il suffit d'un tout petit peu d'argent 153
Or mis, l'effet brillant prend le dessus 156
Noël à petits points 159
Un concentré de senteurs 161
Petits pouces verts magiciens 164
Un petit geste pour n'oublier personne 166
Repas pour les oiseaux 169

Des présents de petits riens

timbres

Récupérer les timbres sur les enveloppes ne coûte rien. Collectez-les et recyclez-les, vous en ferez des cadeaux originaux et peu onéreux qui raviront tous les philatélistes. Décollez les timbres à la vapeur ou dans un verre d'eau chaude. Une fois séchés, rangez-les par thème ou par couleur.

Embellissez des galets pour en faire des ***presse-papiers*** ou des ***cale-portes*** en fonction de leur taille, collez vos timbres sur des ***encadrements*** plats en les faisant se chevaucher ou recouvrez entièrement un ***plateau***. Pour protéger votre collage, recouvrez-le d'une couche de vernis. Et si un timbre vous plaît particulièrement, photocopiez-le en grand format. Glissé entre deux épaisseurs de vinyle transparent adhésif, il se transformera en ***set de table***. Offrez-en plusieurs exemplaires en choisissant un thème qui sera particulièrement apprécié.

vitrine pour collectionneurs

Une petite vitrine fabriquée de vos mains et garnie de quelques menus trésors devrait faire plaisir à vos amis collectionneurs. Détournez de vieux tiroirs que vous aurez chinés dans un vide-grenier ou chez Emmaüs. Tapissez l'intérieur des tiroirs d'un collage de papiers et clouez des attaches au dos pour pouvoir les suspendre à la verticale.

Pour un passionné d'ornithologie, des planches de botanique photocopiées mettront en valeur quelques ***oiseaux*** en verre. Placez ces accessoires de sapin sur une branche et collez-la entre les parois de la vitrine. Un peu de mousse sous le rameau ajoutera de la poésie à votre présent. Ajoutez quelques plumes ainsi que des œufs modelés dans de la pâte autodurcissante et colorés d'un mouchetis de peinture.

Un globe-trotter appréciera que l'intérieur de sa vitrine soit recouvert d'une vieille carte routière. Ajoutez des étagères en séparant la hauteur du tiroir par des morceaux de tasseau plat collés recouverts de papier. Appliquez un peu de colle sur le dessus des étagères et saupoudrez de sable avant d'y installer des ***répliques de voitures de rallye***, des palmiers et des figurines de chameaux.

cadeau d'artiste

Même si vous n'êtes pas un grand artiste, tirez le portrait de vos amis en imprimant sur un papier transfert une photo de leur visage. Retravaillez l'image, ajoutez des touches de peinture, de feutre textile, cousez quelques gris-gris, des boutons, des rubans ou utilisez votre ordinateur pour transformer la photo en aplats de couleur, à la façon d'Andy Warhol. Thermofixez l'image sur un ***tee-shirt*** de coton, un ***tablier***, un ***sac*** de toile ou un ***coussin.*** Offrez ce cadeau personnalisé. Vos amis seront prêts à passer à la postérité.

souvenir d'enfance

Chaque fois que j'accompagnais ma grand-mère à l'épicerie du village, j'usais de quelque ruse pour obtenir en récompense un de ces ***cornets à surprises*** dont l'étiquette affichait « fille » ou « garçon ». Quel bonheur alors de plonger le bras jusqu'à la boulette de papier qui obstruait le fond et de sortir les jouets et les bonbons qui se cachaient dans le cône de papier. Les surprises fascinent toujours autant les enfants. Revisitez ce souvenir d'enfance en préparant vous-même des cornets à surprises. Partez d'une grande feuille de papier rectangulaire et enroulez-la en commençant dans un angle. Formez un cône et fermez son côté par un point de colle. Avant de remplir le cornet de quelques jouets et friandises, déposez une boule de papier froissé dans le fond. Puis calez le dessus et rabattez la pointe pour fermer le paquet.

Surprises à dévorer des yeux

confiture de Noël bien chapeautée

Ma grand-mère, aussi bonne cuisinière que gourmande, ne manquait pas de préparer quelques pots de confiture de Noël pour les offrir autour d'elle, tous chapeautés de papier de soie. Pour les préparer, il lui fallait 100 g de figues et autant d'abricots secs, de dattes, de pruneaux d'Agen, 50 g de raisins de Corinthe, autant de cerneaux de noix et d'amandes concassés, 2 poires, 2 oranges et 1 citron non traités, 300 g de sucre cristallisé et 3 cuillerées à café d'épices de Noël qu'elle préparait elle-même (voir sa recette page 56).

La veille au soir, je dénoyautais les dattes et les pruneaux pendant que Grand-maman coupait tout en menus morceaux. Nous mettions tous les ingrédients dans un grand saladier avant de les mélanger délicatement avec le sucre et les épices et nous laissions le récipient au frais toute la nuit. Au matin, notre préparation exhalait tout son parfum et n'avait plus qu'à cuire 20 minutes à feu moyen.

La confiture mise en pot, Grand-maman leur préparait un chapeau de fête. Elle posait sur le couvercle, l'un au-dessus de l'autre, trois carrés de ***papier de soie*** rouge ou vert de 40 cm de large. J'intervenais alors pour enserrer le couvercle d'un élastique avant de remonter les feuilles pour les rassembler au sommet du pot. Il suffisait alors de les attacher avec un ruban, d'égaliser la touffe de papier aux ciseaux et de coller une étiquette calligraphiée à la main sur le pot.

flacons gourmands

Offrir des flacons remplis de saveurs gourmandes faisait aussi partie des bons plans de ma grand-mère à l'approche de Noël. Elle aimait faire plaisir et enchanter les papilles autant qu'elle tenait à soigner ses emballages.

C'est à la mi-décembre que nous préparions le ***vin d'oranges***. Pour un peu plus d'1 litre de nectar, nous préparions 2 bocaux à couvercles d'1 litre chacun. J'épluchais et coupais en petits dés 4 oranges que ma grand-mère répartissait dans les bocaux avant de les recouvrir d'1 litre de bon vin rouge à 13°. Fermés hermétiquement, les bocaux étaient remués chaque jour. Au bout de neuf jours, Grand-maman râpait un zeste d'orange et l'incorporait aux mélanges. Le dixième jour, elle filtrait au-dessus d'un saladier, ajoutait 30 morceaux de sucre, les laissait bien fondre avant de compléter avec 1 demi-verre d'alcool de fruits.

Le jus était versé dans de jolis ***flacons de récupération***, des bouteilles de sirop d'érable, des petites carafes, des flasques à whisky ou des demi-bouteilles à vinaigre. Grand-maman remplaçait les capsules à vis par des bouchons de liège, nouait un ruban autour du col des bouteilles et y accrochait une belle étiquette.

cake aux épices bien chemisé

Comment faire d'un cake banal un véritable cadeau ? Faites-en une version aux épices et offrez-le dans un moule acheté pour l'occasion. Mêlez à votre recette de base (180 g de farine, 150 g de sucre et 150 g de beurre fondu, 3 œufs, et ½ sachet de levure chimique) quelques fruits secs découpés en lamelles : des abricots, des poires, des figues et des dattes. Remplacez le sucre par de la vergeoise brune, additionnez de deux cuillerées à café d'épices de Noël et enfournez à 180 °C pendant 30 minutes.

Entourez le cake d'une ***feuille de papier cuisson*** taillée à la largeur du moule. Laissez-la dépasser d'environ 5 cm au-dessus du cake et repliez les deux épaisseurs de papier en enserrant bien l'emballage. Maintenez par une pince à linge en bois ou une pince à dessin garnie d'un ruban noué. Et pour personnaliser d'avantage votre cadeau, imprimez la recette sur un papier de couleur et glissez le feuillet sous le mors de la pince.

mise en boîte

Faites plaisir à tous les amateurs de thé qui vous entourent. Ne jetez plus vos boîtes à thé vides, recyclez-les pour les remplir d'un vrai ***thé de Noël*** que vous aurez élaboré vous-même. Poncez d'abord la boîte avec un morceau de toile émeri afin d'éliminer toutes les inscriptions. Il suffit de la dépoussiérer pour la conserver telle quelle mais vous pouvez aussi la laquer à l'acrylique avant d'y coller des images de Noël.

Passez ensuite à la préparation du thé. Râpez un zeste d'orange et un zeste de citron et faites-les sécher à four tiède. Remplissez votre boîte aux ¾ de thé noir en vrac, ajoutez les zestes, une dizaine de clous de girofle écrasés, une gousse de vanille coupée en tronçons et un bâton de cannelle cassé en petits bouts. Secouez pour mélanger. Les amateurs de thé apprécieront ce cadeau aussi beau que goûteux !

pain de Noël

Ah, le bon pain ! Ma grand-mère en préparait une fournée une fois par semaine et on se régalait. De cette époque, j'ai gardé le goût du pain fait maison, moelleux à l'intérieur et croustillant à souhait. Aujourd'hui, j'apprécie les petits pains cuits dans des barquettes en bois. Bons et beaux à la fois ! Pour remplacer les petits paniers de mon boulanger, je recycle les ***petites cagettes de pommes de terre rates*** de Noirmoutier. Mais avant d'y verser la pâte, je les chemise d'un papier aluminium à l'intérieur comme à l'extérieur pour qu'elles résistent à la chaleur et conservent la forme du pain.

La cuisson terminée, je retire le papier de la cagette avant d'y replacer le pain pour bien le présenter.

Pour faire chanter les saveurs de Noël, mêlez à la pâte à pain des noisettes et des noix concassées, des raisins et des abricots secs et pour offrir votre emballage surprise, glissez un carré de tissu sous le pain. Entourez la cagette d'un large ruban, imprimez la recette et glissez-la sous le nœud.

miche surprise

Le pain a plus d'un tour dans son sac ! Il suffit de l'évider pour le transformer en une ***boîte à friandises***. Choisissez une grosse miche, découpez un couvercle et creusez-la à la cuillère pour la débarrasser totalement de sa mie. Faites de même avec le couvercle et mettez-les à sécher à four doux. Pour décorer votre boîte, préparez un glaçage épais et collez sur son pourtour et son couvercle des décorations en sucre, des bonbons plats multicolores ou des billes argentées à pâtisserie. Remplissez la miche de papillotes, de petits biscuits, d'un assortiment de fruits secs ou de chocolats. Et faites sécher la mie : vous l'utiliserez pour confectionner un mendiant (pain perdu) ou nourrir les petits oiseaux.

contenants du bord de mer

Si vous passez chez votre poissonnier, demandez-lui qu'il vous garde quelques ***coquilles Saint-Jacques*** vides. Nettoyez-les parfaitement en les faisant tremper dans un bain de vinaigre d'alcool pendant une à deux heures. Rincez bien et laissez sécher. Glissées dans des pochettes à bonbons transparentes, les coquilles font de jolis contenants. Remplissez-les d'orangettes confites et fermez le sachet avec un ruban.

Pour préparer vos orangettes, faites blanchir des peaux d'oranges. Dès les premiers bouillons, égouttez-les avant de les replonger dans un sirop composé d'un mélange d'eau et de sucre à poids égal. Laissez-les cuire une quinzaine de minutes. Coupez les peaux tièdes en lanières fines, enrobez-les de sucre cristallisé ou trempez-les dans une crème de chocolat fondu.

histoire à croquer

Quoi de plus joli que de raconter une histoire qui pourra être croquée par les plus gourmands ? Découpez dans une ***pâte sablée*** (à préparer avec 1 œuf, 1 pincée de sel, 150 g de sucre, autant de beurre et 250 g de farine) des personnages, des animaux, des sapins, des étoiles, une lune à l'aide de vos emporte-pièce. Faites cuire les gâteaux à 180 °C et laissez-les refroidir.

Pour raconter une histoire, découpez dans un carton propre un rectangle suffisamment grand pour y installer tous vos sablés les uns à côté des autres. Préparez un glaçage épais et déposez à mi-hauteur du carton un trait de sucre assez large pour simuler un sol enneigé. Collez les sablés au-dessus du trait de sucre en alternant les personnages, les animaux et les sapins. Parsemez le ciel d'étoiles et ajoutez la lune. Imprimez sur un papier la petite histoire à raconter et collez-la sous votre composition. Avant d'offrir votre œuvre gourmande, recouvrez le tout d'un papier cellophane transparent.

Il suffit d'un tout petit peu d'argent

paillettes

Pour Noël, confectionnez des petits cadeaux de saison. Ils donneront l'occasion à vos amies de ***scintiller de la tête aux pieds***.

Découpez des formes d'étoiles et de lunes dans du carton fort, appliquez une couche de colle et recouvrez-les de paillettes argent posées une à une à l'aide d'une pince à épiler. Collez une attache de broche au dos. Fabriquées en plusieurs tailles et portées ensemble, elles saupoudreront d'une touche glamour le vêtement le plus basique.

strass adhésifs

Les strass adhésifs ont l'avantage d'adhérer sur n'importe quel support. Embellissez un accessoire de mode ou de déco. Recouverts de ces petits cailloux étincelants, ils véhiculeront ***lumière et magie*** pendant la nuit de Noël. Pour enchanter vos amis, dessinez leur initiale en strass sur un tee-shirt blanc, posez quelques-unes de ces pierres semi-précieuses sur l'empeigne d'une ballerine, le devant d'un sac du soir ou embellissez un cadre avant de le garnir d'une scénette de Noël imprimée sur un papier blanc comme neige.

fils et rubans

Le fil et les rubans argent se prêtent à toutes les fantaisies. Utilisez-les pour dessiner des ***volutes*** ou écrire un ***message*** sur un coussin ou les bords d'une nappe de fête. Dessinez vos motifs au crayon à papier sur le support avant de les recouvrir d'un filet de colle gel et appliquez-y aussitôt le fil ou le ruban. Ces cadeaux tout simples enchanteront toutes les générations.

métal à repousser

Un stylet ou un stylo à pointe ronde sont les seuls outils nécessaires pour embosser le métal à repousser. Succombez à cette technique pour réaliser des plaques argentées couvertes de dessins en relief. Dessinez votre motif sur la plaque de métal avant de creuser les traits avec un stylo ou un stylet. Travaillez sur une plaque de caoutchouc épais pour créer un relief régulier. Le métal se découpe facilement avec des ciseaux à lames fortes. Collez vos créations sur des ***couvercles de boîtes***, embellissez des ***encadrements*** ou fabriquez des ***sachets précieux*** dans lesquels vous glisserez quelques cartes de Noël anciennes pour un collectionneur, des recettes de fête ou simplement un petit billet à dépenser comme chacun le souhaitera.

papier aluminium

Il n'a pas d'utilité qu'en cuisine. Le papier aluminium transformera n'importe quel objet ordinaire en un ***sujet de fête***. Découpez-en de longues bandes, entortillez-les autour d'un pied de lampe ou transformez un chandelier en entourant ses branches. Sublimez votre objet en lui ajoutant des volutes de fil de fer gainées d'aluminium et accrochez-y des boules de même matière que vous aurez froissées.

Or mis, l'effet brillant prend le dessus

peinture

Un peu de peinture or apportera de l'éclat à n'importe quel objet, même le plus simple ! Si vous aimez les ***ambiances précieuses***, recouvrez de peinture des supports « pauvres » (cagettes, récipients en plastique) ou défraîchis. Embellissez-les avec de la peinture relief ton sur ton ou agrémentée de paillettes. Puisez votre inspiration dans les œuvres de Klimt. Revisitez le style de ce grand peintre viennois en reproduisant des arabesques et des cercles ornés de volutes pour décorer des encadrements plats, des boîtes, des plateaux et même des petits meubles chinés que vous aurez plaisir à offrir.

cire métallique

Transformez des objets de peu de valeur en cadeaux uniques. Recouvrez-les d'un voile de peinture acrylique. Jouez le raffinement en choisissant un ton crème ou gris pâle ou cédez à l'appel du baroque en jetant votre dévolu sur un rouge profond. Après séchage, ***magnifiez la peinture*** en caressant sa surface avec un pinceau garni de cire or. Et rendez-la flamboyante !

c'est le clou

Des petits clous, rien que des petits clous… de tapissier. Et tout dorés. Servez-vous-en pour ***souligner des volutes*** sur un objet en bois. Une petite languette de papier à la mesure du diamètre des clous vous aidera à positionner l'endroit exact où vous devrez enfoncer les pointes.

feuille d'or

Facile à appliquer, la feuille d'or est le matériau idéal pour apporter ***élégance*** et ***préciosité*** à l'objet le plus ordinaire. Utilisez de la feuille de cuivre, moins chère que l'or et tout aussi spectaculaire. Placez-la sur le verre, la porcelaine, le bois, la pierre ou le métal. Pour réussir à coup sûr votre embellissement, nettoyez bien le support avant de recouvrir la surface à dorer d'une couche fine de mixtion, une colle fluide spécifique à la dorure. Attendez qu'elle devienne transparente et tout juste collante sous le doigt avant d'y appliquer la feuille de métal. Lissez-la avec un pinceau souple et laissez reposer quelques minutes avant de frotter pour éliminer le surplus non collé et révéler toute la beauté de la matière.

peinture textile

Il suffit d'un peu de peinture pour tissu et d'un pochoir pour réaliser sans difficulté un ***décor fastueux*** sur une nappe, un rideau ou des coussins. Choisissez des motifs simples et festifs, des étoiles, des pois, du feuillage. Tapotez au creux des pochoirs avec une brosse à pocher chargée de très peu de peinture. Et multipliez les petits cadeaux : des trousses de rangement, des pochettes à maquillage ou encore des cabas pour partir en shopping tout en beauté.

Noël à petits points

couturières en herbe

Suscitez des vocations. Les petites filles qui jouent à la poupée apprécieront de devenir des couturières expertes en fabriquant de leurs petites mains la garde-robe de leurs protégées ! Confectionnez-leur leur ***premier nécessaire à couture***. Utilisez vos emporte-pièce à gâteaux pour découper des formes amusantes dans de la feutrine : des ours, des Pères Noël, des bonshommes de pain d'épice. Assemblez-les en ribambelle par quelques points et garnissez-les d'épingles et d'aiguilles. Ajoutez quelques petites pattes de feutrine pour y glisser de fines bobines de fil et joignez à l'ensemble une paire de petits ciseaux fantaisie en prenant soin d'accrocher à l'anneau un fil de couleur agrémenté d'initiales en feutrine.

petites filles coquettes

Il suffit de quelques ***rubans*** pour fabriquer de vos mains habiles une jolie pochette qui ravira toutes les petites filles coquettes. Coupez des longueurs de ruban de 30 cm et assemblez-les à petits points côte à côte jusqu'à recouvrir une largeur d'environ 16 cm. Rentrez les extrémités des rubans sur l'envers et doublez d'un tissu fin. Pour former la pochette, pliez le rectangle, envers contre envers et fermez les côtés à petits points.

pique et pique

Il était un temps où les grands-mères donnaient leur première leçon de couture aux petites filles en leur offrant des ***cartes poinçonnées*** d'un joli dessin. Il fallait patiemment passer une aiguillée de fil dans chacun des trous pour révéler la forme dessinée. Renouvelez cette jolie leçon en pré-perçant vous-même des cartes de couleur. Tracez des motifs sur l'envers des cartes avec vos emporte-pièce à gâteaux puis piquez sur le tracé tous les 5 mm à l'aide d'une grosse aiguille. Offrez ces cartes, accompagnées de coton à broder, d'une aiguille à tapisserie adaptée et d'une paire de petits ciseaux fantaisie.

Un concentré de senteurs

bougies insolites

Les bougies font partie des cadeaux incontournables en période de Noël. Achetez des bougies blanches toutes simples, faites-les fondre au bain-marie dans une vieille casserole et récupérez la mèche. Pour teinter la bougie liquide, incorporez de la craie de couleur que vous aurez râpée et, pour la parfumer, versez quelques gouttes d'huiles essentielles. Coulez la bougie dans des ***tasses à thé*** de récupération ou de petites boîtes de conserve imprimées de belles illustrations en tenant la mèche au centre. Pour éviter qu'elle ne bouge, posez une baguette en travers de la tasse et appuyez-y la mèche.

Pour les adeptes du naturel, creusez, à l'aide d'un vide-pomme, des ***fruits*** qui ne sont pas trop mûrs et remplacez le trognon par une bougie parfumée.

cadeau bien-être

À tous ceux qui apprécient le bien-être, offrez des ***savons parfumés***. Choisissez des savonnettes ovales aux couleurs neutres. Remplissez une coupe en verre d'un lit de sable blanc et posez-y vos savons en les mélangeant avec de vrais galets.

pot-pourri d'hiver

C'est la saison des ***oranges*** et des ***épices***. Faites-en à la fois le contenant et le contenu de vos pots pourris. Coupez les oranges en deux et débarrassez l'écorce de sa pulpe. Séchez les demi-oranges dans un four chauffé à 100 °C pendant 1 heure. Remplissez ces coques d'épices d'hiver avec des fleurs d'anis étoilé, des morceaux de bâton de cannelle, quelques clous de girofle et des graines de cardamome. Pour offrir ces petites vasques parfumées, posez-les au centre d'une feuille de cellophane transparente, rassemblez les bords du papier et nouez d'un ruban.

bain de minuit

Pour toutes celles qui rêvent d'un bain de minuit, offrez-leur de quoi se délasser dans la vapeur d'une eau aux effluves parfumées. Remplissez de sels de bain des carrés de mousseline et liez les sachets avec un fil. Déposez vos ***pochons odorants*** dans une boîte en copeaux de bois garnie de papier de soie. Et pour ajouter au raffinement de l'emballage, collez une étiquette calligraphiée à la main sur le dessus du couvercle.

Petits pouces verts magiciens

le blé de la Sainte-Barbe

On raconte en Provence que le 4 décembre, jour de la Sainte-Barbe, chacun doit déposer dans des coupelles des grains de blé et des lentilles. Les pousses de Noël annonceront de belles récoltes et apporteront de la ***prospérité à toute la famille***. Renouez avec cette belle tradition en invitant les enfants à préparer un lit de coton humide recouvert de graines. À Noël, ils seront fiers d'offrir leur champ miniature et de déguster en famille les dernières pousses en les mêlant à la salade.

jardin en pot

Offrir une plante, oui ! Et quand les enfants jouent les jardiniers, le cadeau est d'autant plus apprécié. Faites-leur décorer un pot en terre cuite et une soucoupe coordonnée. Remplissez la soucoupe d'un lit de graviers jusqu'à mi-hauteur, couvrez-la d'eau. Les enfants y placeront quelques ***bulbes de crocus*** ou ***de narcisses blancs*** avant de combler avec du gravier pour caler les oignons. Faites arroser le jardinet par les enfants jusqu'à Noël.

Juste avant d'offrir en cadeau ce petit jardin d'hiver, coiffez la soucoupe avec le pot renversé. Emballez l'ensemble comme un paquet en le nouant d'une ficelle. Pour personnaliser le cadeau, demandez aux enfants de composer une étiquette à accrocher au sommet du paquet.

Un petit geste pour n'oublier personne

lutter contre le froid

Faites plaisir autour de vous en fabriquant des ***bouillottes écologiques***. Offrez-les à ceux qui vous entourent et affrontent seuls les frimas de l'hiver. Il vous suffira de quelques chutes de tissu pour fabriquer des enveloppes toutes simples à remplir de graines bio : du lin et de l'épeautre, du blé, de l'avoine ou du colza. Passé quelques minutes au four ou dans un micro-ondes, votre cadeau réchauffera autant le corps que le cœur de ceux qui le recevront.

tricot solidaire

Si vous aimez le tricot, collectez auprès de vos amies des restes de laine. Tricotez des carrés de toutes les couleurs au point qui vous convient. Assemblez-les en un patchwork suffisamment grand pour qu'il puisse servir de ***couverture***. Offrez votre travail à une association caritative. Ce petit geste sera pour d'autres un vrai cadeau de Noël !

cadeau du cœur

À Noël, c'est le moment de préparer des ***confitures de fruits de saison*** avec des poires, des bananes, des agrumes. Faites-en quelques pots en plus pour la petite dame du quartier à qui suffit un regard et un peu d'amitié.

jouets du bonheur

L'histoire raconte qu'à Strasbourg, les habitants déposaient des cadeaux pour les plus pauvres au pied du grand sapin. Et c'est toujours autour de l'immense arbre de Noël que s'installe chaque année le village du Partage.

Ne jetez pas les jouets dont les enfants se sont lassés. Déposez-les sous le sapin ***pour les plus démunis***. Ils feront des heureux ici comme dans d'autres villes qui partagent le même esprit de solidarité.

réveillon d'entraide

Pour renouveler l'esprit des repas de quartier et partager un moment de fête, organisez un vrai réveillon collectif où chacun participe en fonction de ses moyens. Préparer des gâteaux, des plats régionaux, se charger des boissons, selon son envie, c'est pour chacun l'occasion de gommer les solitudes et de nouer des amitiés. Si vous êtes seul à Noël, laissez-vous tenter par l'auberge espagnole, source de gaieté et de convivialité.

Repas pour les oiseaux

gourmandises hivernales

Dès l'apparition des premiers flocons, ma grand-mère avait coutume de préparer le repas des oiseaux. « C'est Noël pour tout le monde », disait-elle en s'affairant aux fourneaux. Elle avait toujours un pot de ***saindoux*** pour ses protégés, à faire fondre à feu doux. Elle ajoutait dans sa cassolette des ***graines de millet***, de ***chènevis*** et même des ***flocons d'avoine***. Et lorsque Grand-maman se rendait chez le boucher, elle récupérait aussi des restes de lard tout en s'assurant qu'ils ne soient pas salés.

pommes repas

Les merles raffolent des pommes. Mais il est rare qu'il en reste sur les arbres quand l'hiver est installé. Choisissez des fruits bien mûrs et percez-les de part en part avec un vide-pomme. Passez une ficelle dans la cavité pour former une attache et suspendez-les ***aux branches***.

Faute d'arbre à proximité, plantez une branche morte dans un pot rempli de terre ou posez sur le rebord de la fenêtre une pomme ***coupée en deux***. Creusez le centre et remplissez-le de graines de tournesol et de cacahuètes décortiquées.

mangeoire improvisée

Si vous ne l'utilisez pas pour les petits gâteaux, détournez votre ***plateau*** à étages en serviteur à graines. Disposez sur chaque coupelle des boules de graisse, des graines, quelques miettes de pain et posez votre mangeoire à l'abri du vent et des matous gourmands.

portique gourmand

Régalez-vous du ballet des oiseaux depuis votre fenêtre. Préparez un portique gourmand pour les mésanges, les moineaux et tous les petits passereaux qui vous rendront visite. Prélevez sur un arbre quatre ou cinq petites ***branches*** d'environ 15 cm de long. Attachez une ficelle au milieu de l'une d'entre elles pour bien équilibrer le perchoir. Percez délicatement la coque d'une poignée de cacahuètes. Enfilez sur la ***ficelle*** en ajoutant une branche tous les 10 cm. Terminez par une série de cacahuètes. Suspendez ce portique à une branche piquée dans une jardinière et installez-la au jardin ou devant votre fenêtre.

C'est la belle nuit de Noël

J'ai toujours cru au Père Noël ou fait semblant d'y croire. Quoi de plus magique que d'emprunter les sentiers qui mènent au rêve, de guetter le bruit du vent entre les branches et de croire y déceler le passage de lutins, le son de leurs grelots ou le bruissement d'ailes des anges ? Les facéties de ma grand-mère participaient grandement à toutes ces rêveries d'enfant quand, à la veillée, elle nous racontait des légendes ou installait des chemins de lumière pour guider le Père Noël. La féerie se prolongeait jusqu'à la table de Noël, garnie de mets délicieux. Sur la nappe de fête, chaque saveur gourmande se révélait comme un cadeau tombé du ciel.

SANTA

Petit papa Noël, quand tu descendras du ciel…

Pour croire encore et toujours au Père Noël 176

À la veillée, petites histoires, jolies coutumes 179

Lumière enchantée 183

Barbe blanche et habit rouge 186

Hotte pleine, papa Noël court sur les toits 188

Sons de grelots au royaume des lutins 191

Pour croire encore et toujours au Père Noël

croire au Père Noël

Je prenais un malin plaisir à fureter autour de ma grand-mère quand s'annonçait Noël. Elle préparait les gâteaux, les paquets et pourtant je croyais dur comme fer au Père Noël. Je l'imaginais faisant halte devant la maison, collectant les paquets, repartant sur son traîneau, repassant tout à coup. C'était si bon d'avoir 5 ans, si doux de croire aux ***êtres imaginaires*** et d'***inventer des histoires***. Il y avait tant de merveilleux à attendre le gros bonhomme joufflu.

douter un peu

A l'école, le petit Thomas ne partageait pas ma fantaisie. Il avait tellement envie d'y croire, à ce Père Noël magique dont je vantais les fabuleux pouvoirs ! Mais, sur le chemin de l'école, il en avait croisé cinq. Des Pères Noël qui distribuaient des bonbons en brandissant un appareil photo.

Thomas en avait même eu peur. « Ce sont des messieurs déguisés. Le vrai, il ne vient que lorsque les enfants sont couchés », avais-je murmuré pour le ***rassurer***. Depuis, j'ai appris à composer avec le questionnement des enfants, à ***écouter*** leurs interrogations tout en préservant la féerie, ***sans mentir ni démentir*** pour laisser le Père Noël nourrir de rêves leur monde enfantin.

besoin de rêver

A 9 ans, Thomas avait cessé de croire au Père Noël depuis bien longtemps quand sa grand-mère, si fière de ce petit-fils qu'elle chérissait tant, lui adressa une missive. Et cette malicieuse mamie signa avec audace du nom du Père Noël ! Elle saupoudra sa lettre d'un soupçon de magie en choisissant chaque mot avec amour, tendresse, avec admiration aussi. Un petit garçon appliqué en classe comme l'était Thomas méritait bien les cadeaux qu'il souhaitait. Ce jour-là, Thomas a choisi. Recevoir une telle lettre ne pouvait venir que du Père Noël. C'était décidé, il allait ***y croire encore un tout petit peu***, pour une année ou deux. Ou peut-être plus !

le secret dévoilé

Le jour où j'ai découvert les paquets cadeaux soigneusement cachés par ma grand-mère dans le buffet de la cuisine, j'ai su que Grand-maman jouait les mères Noël à sa façon. C'est alors qu'elle me confia un secret. Elle aussi avait cru au Père Noël et en avait gardé des souvenirs merveilleux qu'elle se devait de me ***transmettre***. Comme je le ferai moi aussi un jour à d'autres enfants. Ainsi, la fabuleuse histoire du Père Noël ne s'éteindrait jamais.

À la veillée, petites histoires, jolies coutumes

pendant la veillée

Chaque samedi de décembre, ma grand-mère invitait tous les enfants de la famille et, en un cercle joyeux, nous prenions place autour de la grande table du salon. Il faut dire que nous n'avions pas encore succombé aux sirènes de la modernité. Point de téléviseur chez Grand-maman. Mais des ***histoires***, assurément, elle savait en raconter. Des ***légendes*** qui nous parlaient de Noël, de bonnes fées mais aussi de croque-mitaines. Les bras croisés sur la toile cirée, nous buvions les paroles de ma grand-mère aussi goulûment que nous avalions le ***chocolat*** et les ***tartines beurrées*** dont elle savait si bien nous régaler.

la fournée des anges

Il y avait aussi sur la grande table, des boîtes en fer-blanc remplies de ***petits biscuits de Noël***. Nous savions tous que Grand-maman s'était attelée aux fourneaux depuis le premier dimanche de l'avent. Ses recettes avaient séduit chacun de nous depuis bien longtemps. Mais qui aurait mis ses paroles en doute quand elle nous contait de jolies histoires ? « Avez-vous vu, disait-elle, le ciel rosir, quelquefois en décembre ? » Chacun se regardait, espiègle, guettant le moment où nous pourrions goûter aux succulentes saveurs de Noël. Alors, pointant la boîte en fer de son doigt tout ridé, Grand-maman nous disait : « Ce n'était que le four qui luisait dans la nuit quand les anges, tout là-haut, cuisaient ces délicieux petits gâteaux. » Alors toutes les petites mains puisaient un biscuit, et puis deux, en souriant aux anges. Et leur goût, tout à coup, en était bien meilleur.

le premier sapin

Aux premiers moments de la veillée, ma grand-mère, réclamant le silence, empoignait sa grosse boîte d'allumettes et se dirigeait vers le sapin. Les branches étaient ornées de rubans d'un blanc immaculé et de petites bougies rouges plantées dans des pinces en fer-blanc. Grand-maman les allumait une à une en nous racontant la belle légende du sapin de Noël.

Il était une fois, en Allemagne, un soir d'hiver, un pauvre bûcheron qui rentrait chez lui dans la neige et le froid. Mais, au ciel, les étoiles brillaient si fort que leur doux reflet miroitait sur les branches perlées de givre. L'homme

émerveillé par ce si beau spectacle, coupa aussitôt un petit sapin et l'emporta chez lui. À ses enfants, il raconta le ciel, ***les étoiles, le givre*** et tout ce qui l'avait enchanté.
Sa femme, enchantée, installa le sapin et se mit à le décorer. Elle accrocha aux branches des rubans pareils à de petits glaçons. Puis elle ajouta des bougies. Bientôt allumées, elles se mirent à briller aussi intensément que les étoiles au ciel. Tout le village accourut. Et les enfants réclamèrent avec entrain le même arbre de fête. Leur premier sapin de Noël !

les guirlandes

On raconte aussi, qu'au temps où les sapins n'étaient décorés que de rubans et de bougies, une colonie d'araignées eut l'étrange idée de partir à l'assaut de l'un d'entre eux pendant la nuit de Noël. Elles allaient de branche en branche et tissaient patiemment de longs fils grisâtres. Quand le Père Noël descendit par la cheminée, il admira le travail des fileuses mais, ennuyé de tant de grisaille, d'un claquement de doigt, il transforma les toiles en de ***superbes fils d'or et d'argent***. Aussitôt, le sapin se mit à resplendir. Les guirlandes étaient nées. Scintillantes de mille feux et si joliment colorées que plus jamais le sapin ne saurait s'en priver.

Lumière enchantée

suivez le guide

Comment le Père Noël pourrait-il reconnaître la maison ? Préparez-lui une ***allée de lumière***. Posez au sol ou dans la neige des pots en verre remplis de petites bougies blanches pour dessiner des rangées lumineuses sur le chemin menant chez vous. Le Père Noël n'aura aucune excuse pour ne pas s'arrêter !

nuit étoilée

De petites lanternes glanées au cours de voyages ou tout simplement des pots en verre garnis de bougies sèmeront une note lumineuse aux abords de votre maison huit heures d'affilée si vous utilisez des ***bougies longue durée***.

accueil raffiné

Tous les récipients en verre, les bocaux de fruits ou de légumes vides, les ventouses anciennes chinées en brocante, les pots à confiture ou à yaourts accueilleront joliment vos bougies si vous les parez de quelque fantaisie. Entourez le col des bocaux d'une couronne de fil de fer ponctuée de ***perles immaculées et transparentes*** ou accrochez sur le bord des verrines des crochets en métal destinés au sapin et suspendez-y des pampilles et des perles de verre.

Quelques ***stickers transparents*** poinçonnés à l'emporte-pièce dans du vinyle adhésif décoreront joliment une série de verres dépareillés tout en créant une unité.

guirlandes d'extérieur

Si vous rêvez d'enjoliver la façade de votre maison avec des guirlandes électriques, veillez à choisir des modèles conçus pour l'extérieur aux ***normes de sécurité européennes***.

dès l'entrée

Un simple petit ***bouquet de fleurs blanches*** accroché à la poignée de votre porte donnera le ton. Accompagnez-le d'un petit pot transparent, que vous garnirez d'une bougie pour le mettre en lumière à la nuit tombée.

bestiaire lumineux

Installez dans votre jardin un bestiaire lumineux. Découpez à la scie sauteuse dans des plaques de contreplaqué de grandes silhouettes d'animaux de saison : un ***ours polaire***, un ***cerf*** ou un ***renne***. Pratiquez des trous à la perceuse sur toute la surface afin de pouvoir y insérer les petites ampoules d'une ***guirlande lumineuse***. Peignez vos animaux en blanc, collez une planche à la verticale au dos pour leur servir de pied et posez ces animaux merveilleux devant votre maison. Ils prendront aussi une place de choix dans un appartement pour le plus grand bonheur des enfants.

Barbe blanche et habit rouge

la vraie légende du Père Noël

On raconte qu'en partant à la conquête du Nouveau Monde, les émigrants emportèrent dans leurs bagages la belle histoire de saint Nicolas. Mais un jour de 1822, un récit merveilleux balaya toutes les légendes. Clement Clarke Moore, un pasteur new-yorkais, venait de publier ***un poème pour ses enfants***. *La nuit avant Noël*, ainsi s'intitulait cette ode au Père Noël, un être tout joufflu, joyeux et bon enfant, arrivé à minuit dans son petit traîneau que tiraient six rennes blancs, Tornade, Danseur, Furie, Fringuant, Comète et Cupidon. Ils étaient si légers qu'ils semblaient porter des ailes. Et c'est ainsi que cette nuit-là, pour la première fois, le Père Noël entreprit sa tournée. Il allait de toit en toit dans son habit rouge, les bottes un peu salies par la suie et la cendre, la barbe immaculée et les yeux pétillants. Un grand sac sur le dos, il déposait des friandises et des cadeaux, on l'entendait rire et son ventre tout rond faisait des petits bons. Dans l'obscurité retentissaient des « ho, ho, ho ». Et depuis, chaque année, dans la nuit de Noël, résonne de par le monde ce rire unique et jovial, celui du bon papa Noël !

habits de Père Noël

Quel enfant n'a jamais rêvé d'endosser l'habit du Père Noël ? Quand les jours ne cessent de s'allonger face à l'impatience des plus petits, habillez-les de rouge et laissez-les s'identifier au Père Noël. ***Tee-shirt*** et pantalon de ***survêtement*** suffiront à donner l'illusion. Fabriquez-leur un ***bonnet*** de feutre taillé dans un demi-cercle et bordez-le de ouate de coton, collée ou cousue à grands points. Et façonnez un pompon de laine blanche pour agrémenter la pointe. Une grosse ***ceinture*** fera office de ceinturon. Et pour transporter tous les cadeaux, taillez un cercle dans une toile de jute, passez une ficelle sur le pourtour pour le coulisser en balluchon. En attendant Noël, les jouets de tous les jours rempliront la hotte des petits Pères Noël !

Hotte pleine, papa Noël court sur les toits

préparer la hotte

Jouez le jeu jusqu'au bout. Fabriquez en grand secret une hotte de Père Noël. Les enfants seront ravis de la découvrir au matin, pleine de cadeaux. Une bande de ***tissu épais*** de 60 x 180 cm, pliée en deux et assemblée par ses côtés, suffira pour confectionner une hotte de grandes dimensions. Doublez de feutrine ou de lainage aux mesures identiques et bordez l'ouverture d'un ruban à pompons ou à sequins. Ne mettez en place la hotte qu'au moment de la remplir. Elle créera la surprise quand les enfants découvriront que le Père Noël l'a oubliée. Quel étourdi, ce Père Noël !

fabriquer un traîneau

Pour bien accueillir le Père Noël, offrez-lui un traîneau fabriqué de vos mains. Des morceaux de tasseau carré de 30 cm vissés sous une grande ***caisse en bois*** et deux lattes légèrement plus longues que la caisse sont les seuls éléments dont vous aurez besoin. Prépercez l'extrémité des carrelets avant de les visser et terminez l'attelage en fixant les skis sous les pattes du traîneau. Percez un trou à l'avant et glissez-y une corde. Pour mettre en valeur le traîneau, teintez-le au brou de noix ou recouvrez-le d'une couche de peinture. Installé devant la maison ou sur le palier de votre appartement, il apportera une note de féerie dès l'entrée. Mettez-le en scène en remplissant la caisse de quelques branches de sapin, d'un fagot de branchages secs, de pommes de pin ou de cônes de sapin et ajoutez quelques paquets fictifs.

remercier le Père Noël

Tous les enfants savent combien le Père Noël s'épuise à passer de maison en maison. Préparez ensemble quelques ***provisions*** pour le gros bonhomme Noël et ses fidèles destriers. Mais ne mettez rien en place avant l'heure du coucher. Posez un verre de lait, une tranche de pain beurrée, une mandarine, quelques dattes et des carottes à l'intérieur du traîneau ou placez une planche sur le dessus pour les disposer joliment. Avant que les enfants se lèvent, pensez à vider le verre, faites disparaître toutes ces ***gourmandises*** mais laissez quelques miettes à côté du traîneau.

Une luge à l'ancienne en bois pourra aussi convenir. Posez dessus un carton grand ouvert, protégez l'intérieur par des torchons de lin ou de coton rouge en les laissant déborder sur les rabats du couvercle. Placez, au creux de cet écrin, un thermos de café chaud, des petits pains et quelques pommes rouges et vertes pour les rennes.

Sons de grelots au royaume des lutins

les lutins du Père Noël

On raconte qu'aux confins du Pôle Nord vivent les petits lutins du Père Noël, des êtres doux et malicieux nés dans un monde imaginaire peuplé de fantaisie, d'amour, de joie et de bonheur. Partout où ils vont, ils gardent toujours en poche un silex pour faire du feu, une patte de lapin porte-bonheur, des moustaches de chat pour demeurer espiègles et un petit morceau de savon pour rester toujours propres. Pour aider au mieux le Père Noël, les lutins vont et viennent, ***invisibles***, à l'écoute des enfants. Ils s'assoient sur leurs épaules pour écouter leurs rêves. Tout doucement sans faire de bruit. Mais si vous vous montrez attentif, vous entendrez le son cristallin des grelots accrochés à leur bonnet. Vous sentirez aussi une bonne odeur de résine, de cire d'abeilles, de clous de girofle et de sirop d'airelles. Mais prenez garde, les lutins voient tout, entendent tout. Si vous doutiez de leur présence, vous les feriez disparaître !

Noël à votre porte

À Noël, accueillez gaiement vos invités ! Accrochez une ficelle au-dessus de votre porte et attachez-y une ***grappe de grelots***. Chacun pourra tirer le cordon pour s'annoncer.

musique de lutins

Pour entonner les chants de Noël, les enfants seront ravis de s'accompagner d'un peu de musique. Fabriquez-leur une ***poignée à grelots***, l'instrument favori des lutins. Glissez un fil de fer dans un grand bâton de cannelle, enfilez quelques grelots puis courbez le fil métallique en arc de cercle. Fermez la poignée en entortillant ensemble les extrémités du fil et recourbez-les pour qu'ils ne blessent pas les petites mains.

chaises de lutins

Préparez une déco de Noël digne de vos petits lutins à vous. Pour l'occasion, recouvrez d'un voile de peinture rouge quelques vieilles chaises chinées en brocante et pour parfaire l'ambiance, enroulez un fil de laiton garni de ***grelots autour du dossier***.

l'habit fait le lutin

Pour parfaire l'ambiance, habillez les enfants ***en rouge*** sans oublier de coudre un grelot à la pointe de leur bonnet.

Réveillonnez, carillonnez, Noël s'invite à table

Chut ! Un ange passe 196
D'ores et déjà la table est mise 200
Rouge rubis pour un Noël écarlate 202
Un Noël de glace et de givre 204
Table d'un jour éphémère 207
Nos palais font la fête 209
Seul, à deux, à trois et même plus, pourquoi pas ? 214
13 desserts comme en Provence 217
Minuit sonne ! La joie résonne 220

Chut ! Un ange passe

l'herbe aux anges

On dit ***l'angélique*** dotée de vertus magiques. Il y a bien longtemps, on l'accrochait au cou des enfants pour les protéger des maléfices. Mais à Noël, confite dans un sirop de sucre, elle parfume délicieusement les desserts et les gâteaux.

Composez des petits sablés à l'angélique en mélangeant 250 g de sucre avec 3 jaunes d'œufs. Laissez blanchir puis incorporez 160 g de poudre d'amandes, 1 sachet de levure chimique, 1 pincée de sel, 150 g de beurre ramolli, 500 g de farine et 100 g d'angélique confite coupée en petits dés.

Façonnez une boule de pâte, laissez-la reposer 20 minutes au frais avant de l'étendre sur 5 mm d'épaisseur. Servez-vous d'un verre pour découper les sablés, dorez-les au jaune d'œuf et laissez cuire une dizaine de minutes à 180 °C.

bruissement d'ailes

Pour que circulent des bruissements d'ailes pendant le repas de Noël, découpez ces attributs de chérubins en différentes tailles dans du papier blanc épais (du Canson®) par exemple). Marquez la forme des plumes d'un filet de colle et saupoudrez quelques paillettes irisées. Suspendez plusieurs ailes à différentes hauteurs au-dessus de la table à peu de distance d'une forêt de bougies blanches. La ***chaleur des flammes*** fera tournoyer les ailes des anges.

Pour éviter que la paraffine des bougies ne tache votre nappe, immergez-les dans de l'eau salée pendant toute une journée avant la fête. Le sel, en se fixant sur les bougies, limitera les coulures.

anges imaginaires

Sous le signe de l'ange, déclinez une décoration pleine de douceur et de légèreté. Dans une coupe remplie à moitié de riz, enfoncez quelques ***tubes éprouvettes en verre*** garnis de freesias blancs baignant dans un peu d'eau. Collez des ailes de ***papier calque*** sur chaque tube et une pastille « auréole » à ras de leur ouverture. Plusieurs cierges blancs piqués entre ces anges d'un monde imaginaire sublimeront le décor. Installez celui-ci au centre de la table sur un grand napperon de dentelle.

angelots de papier

Faites-vous aider par les enfants pour créer une nuée d'angelots prêts à s'envoler ou à se poser à table. Pour former le corps des anges, roulez en cornet une ***assiette en carton blanche*** coupée en deux, fermez le dos du cône par une agrafe. Débitez le reste de l'assiette en quatre parts de même taille. Pour former les ailes, agrafez deux de ces triangles au dos du cône. Terminez par la tête. Passez un fil de fer au travers d'une boule de cotillon blanche. Façonnez l'auréole en courbant à la pince l'une des extrémités du fil et formez un cercle. Glissez l'autre extrémité dans le corps de l'angelot, coupez le surplus de fil de fer et scotchez-le à l'intérieur du cône.

Suspendez les anges par un fil au plafond ou alignez-les sur un chemin de table en papier doré.

la place de l'ange

Donnez un effet bluffant à vos assiettes en réalisant en un tour de main des ***ronds de serviettes en papier*** surmontés d'un angelot. Pour chaque élément, coupez des bandes de papier de 7 x 23 cm. Tracez une moitié de silhouette à chaque extrémité et découpez soigneusement le contour des motifs. Fermez les ronds de serviette en faisant coulisser l'une dans l'autre les deux fentes pratiquées sur le bord intérieur des silhouettes.

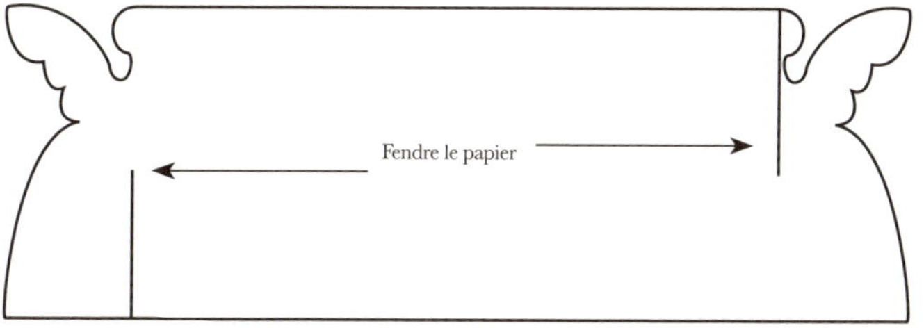

7 cm x 23 cm

D'ores et déjà la table est mise

lés de papier

Créez une déco éblouissante sans vous ruiner. Sur la base d'une nappe blanche, mélangez allègrement divers papiers dorés en superposant les uns sur les autres plusieurs lés pour en faire un ***chemin de table***. Percez les extrémités et attachez-y des rubans, puis accrochez de petites boules dorées incassables et laissez pendre le décor le long de votre nappe.

dentelle éphémère

Tirez parti des ***napperons dorés*** de toutes tailles. Utilisez-les en sets de table ou en dessous de verres. Découpez des motifs dans la dentelle et collez-les en guirlandes ou en semis sur vos verres ou sur l'aile des assiettes. Et quand la fête sera finie, il suffira d'un bain d'eau chaude pour rendre à votre vaisselle son lustre originel.

pépites d'or

Sous le signe de l'or, glissez quelques ***pièces en chocolat*** au creux d'une serviette pliée en forme de cornet. Frisez aux ciseaux des rubans de bolduc or et parsemez le dessus de l'assiette de ces quelques volutes.

filigranes dorés

Des décorations de sapin en ***métal ciselé*** apporteront également une note d'élégance à votre table de Noël. Posez-les sur les assiettes en les attachant par deux ou trois avec un fil doré ou suspendez-les au bord des verres avec un petit crochet en métal doré.

écrin de lumière

Offrez à votre table un écrin de lumière aussi fastueux qu'original. Déposez des bougies chauffe-plats dans des verres à pieds et coiffez-les d'un petit ***abat-jour*** en papier blanc. Accrochez un cordon doré au sommet de l'abat-jour et faites-le courir avec souplesse tout autour du cône.

Rouge rubis pour un Noël écarlate

bonnets de Père Noël détournés

Pour que chacun trouve facilement sa place, suspendez par des rubans des bonnets de Père Noël au dos de vos chaises. Orientez la pointe vers le bas et glissez un ***petit paquet*** au nom de l'invité dans chaque bonnet.

sets de table insolites

Le rouge et le blanc font bon ménage. Pochez à la peinture rouge de grosses boules de Noël au centre de grands ***carreaux de carrelage*** blancs. Posées sur ces sets de table, des assiettes en verre transparent laisseront apparaître le décor. Pour le sublimer, déposez dans l'assiette, tel un semis de pois, des pastilles de chocolat blanc sur le dessin de la boule.

légumes et fruits donnent le ton

Misez sur les légumes pour pimenter votre décor. Entourez des verres droits d'une palissade de ***piments rouges*** retenus par une ficelle. Remplissez de gressins croustillants ou de fines tranches de pain grillé. Posez-les en chemin de table en alternant avec de petits bouquets de fleurs rouges installés dans des ***tomates*** évidées.

De belles ***pommes rouges*** donneront aussi le ton si vous les placez dans l'assiette de chaque convive, posées sur un petit napperon de papier blanc. Nouez une ficelle autour du pédoncule et attachez-y une étiquette au nom des invités.

Un Noël de glace et de givre

contenants moulés dans la glace

Plongez-vous au cœur de l'hiver et faites entrer le givre dans la maison. À Jukkasjärvi, en Suède, non loin du cercle polaire, on trinque à Noël avec des verres taillés dans la glace. Renouvelez la tradition sans avoir à vous rendre au pays du Père Noël. Glissez l'un dans l'autre ***deux moules*** (bols ou saladiers en inox, moules à gâteaux, petits seaux) ***de tailles différentes*** laissant un vide de 2 à 3 cm entre les parois. Pour éviter que le contenant le plus petit ne touche le fond du plus grand, posez des bandes d'adhésif à cheval sur les bords en maintenant un écartement identique sur tout le pourtour. Glissez quelques petites branches à baies rouges ou des herbes aromatiques entre les deux moules et remplissez d'eau. Mettez au congélateur. Lorsque l'eau se sera transformée en un bloc de glace, laissez doucement dégeler à température ambiante pendant une vingtaine de minutes sans passer sous le robinet. Ôtez l'adhésif, sortez le moule intérieur et retournez la forme gelée sur un torchon.

Posez vos bols de glace sur un plat recouvert d'une serviette en tissu pliée. Présentez dedans des crevettes, des rouleaux de saumon fumé, du caviar rouge, du sorbet ou de la glace.

inclusions sous glace

Quelle surprise pour vos invités quand ils découvriront, accrochées à vos chéneaux, des décorations de sapin moulées dans la glace. Servez-vous de vos emporte-pièce. Posez-les sur une tôle et entourez leur base d'un boudin de pâte à modeler pour rendre les moules étanches. Remplissez d'eau et ajoutez quelques ***fils de couleur*** pour la décoration. Mettez au congélateur. Laissez la glace prendre légèrement avant de piquer un fil de fer dans chaque moulage. Démoulez à température ambiante dès que les motifs peuvent se désolidariser des moules et accrochez-les à l'extérieur.

fausse glace

Pour imiter la glace d'une autre manière, faites fondre à feu doux de la ***paraffine alimentaire*** dans une casserole, sans jamais la faire bouillir. Ne la manipulez pas une fois fondue, vous risqueriez de vous brûler. Avant de verser la paraffine dans des moules antiadhésifs, laissez-la refroidir.

Attendez qu'elle forme une peau et devienne transparente. Toutes les inclusions sont possibles (perles, paillettes, végétaux…), mais elle peut aussi rester telle quelle, pure et d'un blanc immaculé. En plaçant les moulages 10 minutes au congélateur, vous pourrez les décoller facilement. Éliminez les résidus en plaçant les récipients au froid.

glaçons fastueux

Touche ultime pour vos cocktails de Noël : préparez des glaçons en mêlant dans l'eau quelques brisures de ***feuille d'or alimentaire***. Et quand sonnera l'heure de l'apéritif, laissez la magie opérer !

verres givrés

L'ambiance sera totale si vous servez les jus de fruits et les alcools dans des verres aux rebords givrés. Plongez l'encolure des verres dans une assiette remplie d'***eau froide***. Trempez les rebords immédiatement dans du ***sucre*** en poudre ou cristallisé. Laissez durcir et buvez avec modération.

Table d'un jour éphémère

sucre

Les carrés de sucre se prêtent à toutes les fantaisies, collés entre eux avec un glacis épais de sucre glace. Fabriquez des ***boîtes*** carrées ou rectangulaires. Elles accueilleront le sucre, mais aussi les chocolats et les bonbons. Inventez des ***dessous-de-verre*** en formes d'étoiles ou de sapins ou montez des ***igloos*** pour abriter des bougies ou y placer les verres.

pain azyme

Ces pains sont si jolis qu'on a du mal à les manger. Faites-en des ***dessous-de-verre***, accrochez-les à un fil au-dessus de la table, ou placez ces ***galettes*** ciselées en marque-place au centre des assiettes, accompagnées d'une étiquette au nom de chaque convive. Et si vous ne pouvez résister à leur goût si particulier, faites-en une fournée. Mélangez une cuillerée de sel à 200 g de farine, ajoutez de l'eau tiède jusqu'à ce que la pâte se détache du saladier et ne colle plus aux doigts. Continuez de pétrir pour assouplir la pâte puis formez de petites boules. Aplatissez du plat de la main puis abaissez au rouleau. Découpez des ronds à l'aide d'un bol et marquez vos galettes d'empreintes en appuyant des tampons en caoutchouc sur la pâte. N'utilisez que des modèles neufs qui n'ont jamais été imprégnés d'encre. Piquez entre les motifs avec une fourchette. Enfournez à 200 °C pendant ¼ d'heure. À Noël, dégustez vos pains azymes avec de la confiture de fruits rouges, des lamelles de saumon fumé ou détournez-les pour décorer la table.

galettes de riz

Toutes blanches, les galettes de riz feront de jolis ***dessous-de-plat*** pour la table de Noël. Achetez-les par paquets dans les boutiques asiatiques et, sans les séparer, attachez-les avec une ficelle blanche, rouge ou dorée.

Nos palais font la fête

menu sans tracas

Pour éviter de passer votre soirée de Noël aux fourneaux, calculez le temps que prendra la préparation de chaque plat. Ne choisissez ***pas de recettes trop compliquées*** ni trop longues à réaliser et introduisez dans votre menu des mets qui vous permettent de passer presque immédiatement à table (huîtres, foie gras, saumon fumé).

Divisez vos plats en ***portions individuelles***. Présentez-les dans des verrines, des ramequins, des bols. Ils participeront au décor de la table et les parts non consommées prolongeront la fête aux repas suivants.

huîtres

Si vous hésitez à ouvrir les huîtres de peur de vous blesser, adoptez les ***bons gestes***. Protégez votre main avec un torchon plié en quatre ou avec une manique. Calez l'huître dans votre main, la partie pointue vers vous. En tenant le couteau par la lame, insérez sa pointe entre les deux coquilles, donnez un léger mouvement rotatif à la lame et poussez par à-coups pour sectionner le muscle. Retirez la coquille en évitant qu'elle ne se vide. Bravo, vous êtes un « pro » !

foie gras

Grand dilemme ! Si vous craignez de casser vos tranches de foie gras en les découpant, ne travaillez jamais à froid. Sortez le bloc de foie gras du réfrigérateur 20 minutes à l'avance. Détaillez les tranches avec un ***couteau à lame fine*** et non dentelée en trempant celle-ci dans de l'eau très chaude avant chaque découpe.

pain et beurre

Soignez aussi la présentation du pain et du beurre. Croyez-en le vieil adage de ma grand-mère : « Lorsque c'est joliment présenté, c'est encore meilleur ! »

Choisissez un pain de qualité au levain pour accompagner le saumon ou le foie gras. Coupé en fines tranches et légèrement grillé, il accompagnera parfaitement le foie gras et enthousiasmera vos invités les plus traditionnels. Posez les tranches de pain trois par trois, emballées dans un carré de lin sur de petites assiettes individuelles.

Pour les gourmets curieux de nouvelles saveurs, pensez au ***pain d'épice***, qui se marie aussi très bien avec le foie gras.

Cuit par vos soins, il sera encore meilleur. Vous le réussirez facilement en préparant une pâte fluide composée de 250 g de farine, 1 sachet de levure chimique, 125 g de sucre semoule, 1 cuillerée à café d'épices à pain d'épice, 25 cl de lait et autant de miel liquide. Versez le mélange dans un moule beurré et enfournez à 150 °C pendant 15 minutes. Présentez le pain d'épice débité en tranches très fines ou utilisez vos emporte-pièce à gâteaux pour y découper de jolis motifs.

Le beurre mérite également toute votre attention. Présentez-le en brisures, râpées à la petite cuillère ou à l'aide d'un coquilleur à beurre, un petit ustensile qui strie joliment les ***copeaux***. Déposez ceux-ci sur des coupelles placées à droite de chaque assiette.

emballages à croquer

Les ***timbales de pâte*** croustillante que ma grand-mère posait sur la table de Noël, simplement ceinturées d'un ruban rouge, mettaient l'eau à la bouche à plus d'un invité. Sa méthode était simple. Elle préparait une pâte brisée faite de 300 g de farine, 150 g de beurre salé et d'un peu d'eau tiède. Avec la boule de pâte abaissée en une fine galette, Grand-maman chemisait des moules à bords hauts (des darioles rondes, des tôles à brioches en encore des moules jetables en aluminium). La cuisson (à 180 °C) se faisait toujours « à blanc », la pâte piquée à la fourchette et recouverte de quelques haricots secs ou d'une poignée de lentilles pour éviter qu'elle ne gonfle. Enfin, quand venait l'heure de passer à table, ma grand-mère remplissait les timbales de mets salés ou sucrés. Inutile de vous avouer qu'une fois vidées, elles ne résistaient pas à l'assaut des plus gourmands !

contenants en fête

Il y avait d'autres contenants que ma grand-mère affectionnait, aussi attractifs pour l'œil que pour le palais : les ***oranges*** et les ***pommes***. D'abord elle tranchait le dessus, puis mettait le couvercle de côté avant de dégager la pulpe à la petite cuillère.

Les oranges trônaient dans chaque assiette dès le début du repas. Grand-maman les remplissait ensuite d'un peu de leur pulpe, elle ajoutait des cubes de cabillaud cuit au court-bouillon et des branches de céleri coupées en petits dés, le tout accompagné d'une délicieuse mayonnaise à l'huile d'olive.

La ***mayonnaise***, jamais ma grand-mère ne l'a ratée et j'ai hérité de sa méthode infaillible. Je commence par fouetter un jaune d'œuf avec une cuillerée à soupe de moutarde (sortis du réfrigérateur à la dernière minute), j'ajoute une pincée de gros sel de Guérande et je continue à fouetter, toujours dans le même sens, en ajoutant progressivement l'huile. Quand la quantité me convient, j'ajoute quelques gouttes de vinaigre de Xérès. Et la mayonnaise est parfaite et bien ferme. Essayez, plus jamais vous n'échouerez.

Les pommes, quant à elles, passaient au four avant de se retrouver dans nos assiettes, posées sur un lit de semoule de blé. Aux petits dés de pomme, Grand-maman ajoutait des lardons fumés, des lamelles de pruneaux d'Agen et quelques cubes de comté.

Pour décorer les verres, ma grand-mère privilégiait aussi les fruits. Elle coupait des oranges sanguines en rondelles épaisses et piquait dans l'écorce une rangée de clous de girofle bien alignés, avant de glisser cette décoration pleine de saveur sur le rebord des verres. À l'heure du vin chaud, le mélange était parfait.

Seul, à deux, à trois et même plus, pourquoi pas ?

mettre la table en valeur

Que vous soyez seul ou en tribu, soignez les détails. Juponnez votre table d'une jolie nappe. Un ***drap ancien*** peut très bien faire l'affaire. Repassez-le soigneusement et empesez-le d'amidon pour lui donner de la tenue. Si vous posez le drap sur une petite table, laissez-le s'étaler au sol en travaillant les plis.

agrandir la table

Si la famille s'agrandit, la table peut s'avérer trop petite. Rentrez pour l'occasion la petite ***table de jardin***, placez-la au bout de la grande table recouverte d'une nappe individuelle. Deux ***tréteaux*** et une planche peuvent aussi convenir. Et si les enfants ou les ados rêvent d'un peu d'intimité, dressez-leur une table rien que pour eux, non loin de vous, ou mettez en valeur la ***table de cuisine*** aussi joliment que la vôtre.

soigner la présentation

Sortez votre plus belle vaisselle, vos verres en cristal, versez le vin dans une ***carafe*** et accompagnez-le de ***bouteilles d'eau « collector »***, éditées spécialement pour Noël. Après les fêtes, vous pourrez les recycler en soliflores.

Présentez le sel et le poivre dans des verres à liqueur. Et plongez-y une petite cuillère à moutarde ou à moka.

sortir l'argenterie

Noël offre l'occasion de mettre en valeur l'argenterie. Mais elle se doit d'être impeccable. Comme le faisait ma grand-mère, je nettoie mes ***couverts anciens*** avec un mélange de blanc de Meudon (ou de blanc d'Espagne) et de quelques gouttes d'alcool à brûler. Frotté avec cette pâte puis rincé à l'eau claire, le métal précieux retrouve son lustre en un clin d'œil.

aménager le centre de table

Pour vous faciliter le service, prévoyez de poser vos ***plats en bout de table*** et protégez votre nappe par des dessous-de-plat, des carrés d'ardoise, des carreaux de carrelage, des briques de verre ou simplement des ronds de carton épais bombés de peinture or. Réservez le centre de la table aux bougies et au décor.

réchauffer les assiettes

Pour que vos mets ne refroidissent pas, passez vos assiettes ***au four***, à 120 °C, 20 minutes avant de servir ou posez-les pendant 10 minutes, empilées, sur une ***casserole d'eau bouillante***. Le ***micro-ondes*** ne demande que 2 minutes à pleine puissance, à condition que vos assiettes ne soient pourvues d'aucun liseré métallique. Vous pouvez aussi ranger les assiettes dans le lave-vaisselle vide et leur faire subir un cycle de rinçage. Vous n'aurez plus qu'à les essuyer avant de les apporter à table.

13 desserts comme en Provence

les 13 desserts

Pourquoi ne pas fêter Noël comme en Provence ? Suivez les rites ancestraux en préparant 13 desserts, en hommage au repas partagé par le ***Messie*** et ses douze ***apôtres***. Trois jours durant, laissez les douceurs simples faire table commune.

Les « mendiants » (aux noix ou noisettes, figues sèches, amandes et raisins secs) aux couleurs de bure des ordres monastiques, rempliront les corbeilles. Placez dans des coupelles des dattes fourrées de pâte d'amandes rose ou verte, des morceaux de nougat blanc, tendre, moelleux et pur, et ajoutez du nougat noir, que vous aurez cuit jusqu'à ce qu'il devienne croquant et cassant, un rien maléfique comme on le prétend parfois. Et n'oubliez pas la pâte de coings, les calissons, les fruits frais, les mandarines et les oranges, symboles de richesse, les poires d'hiver, le raisin et le melon de Noël. Cuisez l'incontournable pompe à l'huile, une galette délicieusement sucrée qui embaume l'eau de fleur d'oranger. Votre buffet installé, invitez vos amis à goûter sans retenue à chacun de vos plats, mettez une bûche dans la cheminée et racontez-leur les symboles attachés aux 13 desserts de Noël.

la pompe à l'huile

On dit qu'elle apporte réussite et prospérité. Goûtez à sa saveur si particulière même si vous ne vivez pas au pays des cigales. Préparez-la à l'avance, elle demande 6 heures de repos. Vous la dégusterez accompagnée d'un vin cuit le soir de Noël ou d'un chocolat chaud le lendemain au petit-déjeuner.

Pour la préparer, délayez un cube de levure de boulanger dans un peu d'eau tiède sucrée, saupoudrez de 100 g de farine et laissez reposer 2 heures dans un endroit tiède.

Continuez en mélangeant 500 g de farine avec ½ verre d'huile d'olive, 150 g de sucre en poudre, 2 œufs, 1 pincée de sel, 1 zeste d'orange râpé, 3 cuillerées à soupe d'eau de fleur d'oranger et ½ verre d'eau tiède. Malaxez, ajoutez le levain, formez une boule, coiffez votre saladier d'un torchon et laissez reposer.

Trois heures plus tard, étalez la pâte sur une plaque huilée en un disque de 2 cm d'épaisseur, entaillez le dessus et laissez reposer encore 1 heure.

Dorez avec un jaune d'œuf avant d'enfourner à 150 °C pendant 10 à 15 minutes.

Votre ***fougasse*** bien dorée enchantera le palais de vos invités. Laissez chacun d'entre eux en casser de petits morceaux. Ne la coupez pas au couteau, la légende raconte que vous vous retrouveriez ruiné dans l'année à venir.

le nougat noir

Quand les amandes chanteront, elles vous porteront bonheur. C'est ce qui se dit en Provence pendant la cuisson du nougat noir. Commencez par faire dorer 500 g d'***amandes entières*** entourées de leur peau brune. Faites-les sauter dans une poêle, à sec et sur feu vif pendant 5 minutes, puis versez 1 kg de ***miel de lavande*** (ou de fleurs) dans une casserole à fond épais. Chauffez doucement jusqu'au premier bouillon, ajoutez les amandes et remuez sans cesse jusqu'à ce qu'elles craquent et pétillent. Retirez alors la casserole du feu et continuez à remuer 1 à 2 minutes. Versez le nougat dans un moule en silicone chemisé d'un papier cuisson. Recouvrez d'une autre feuille de papier, tassez sur un centimètre et laissez refroidir. Coupez en morceaux le lendemain avec un couteau bien aiguisé.

Minuit sonne ! La joie résonne

champagne !

Minuit sonne, embrassez-vous ! C'est le moment de boire une coupe de champagne en savourant la bûche de Noël. Pour bien accompagner votre dessert, choisissez un champagne ***extra-dry***, moins sec que du brut, ou un ***demi-sec*** aux notes douces et sucrées. Placez-le 30 minutes dans un seau rempli de glaçons avant que ne sonnent les douze coups de minuit. Servez-le, idéalement, entre 10 et 12 °C.

la bûche de Noël

La plus simple est souvent la meilleure. Ma grand-mère préparait toujours la même base. Seule la garniture changeait selon les années. Et sa bûche était si facile à faire que j'ai, depuis, adopté sa recette.

Il vous faudra pour la pâte 100 g de sucre et autant de farine, 2 œufs, 1 cuillerée à soupe de lait et 1 sachet de levure chimique.

Fouettez les jaunes d'œufs avec le sucre jusqu'à faire blanchir le mélange. Ajoutez la farine, la levure et le lait. Battez les blancs en neige et incorporez-les doucement à la pâte. Étendez le mélange sur une tôle rectangulaire chemisée de papier sulfurisé. Faites cuire à 150 °C en surveillant la cuisson. La pâte doit rester blonde. Au sortir du four, posez dessus un torchon humide. Il vous aidera à retourner la pâte sans la casser.

Laissez refroidir et garnissez d'une ***crème au beurre*** faite d'un mélange de 150 g de beurre fin, 125 g de sucre glace, 1 cuillerée à soupe de rhum et 1 jaune d'œuf. Roulez la pâte, recouvrez le dessus de la même crème puis coupez les extrémités de la bûche en biais et déposez ces « nœuds » sur le dessus du gâteau. De petits nains tout rouges avec leurs scies dorées et des champignons rouges à pois blancs donneront la touche finale à votre bûche de Noël.

café gourmand

Au moment du café, mettez les petits plats dans les grands ! Soignez la présentation comme au restaurant. Posez la tasse de chaque invité sur un petit plateau et placez à côté quelques ***chocolats***, des ***amandes grillées***, des petits ***sablés*** et des ***mini-pains d'épice*** moulés. Chacun appréciera ce café très gourmand.

Après Noël, c'est encore Noël

J'avais un peu de nostalgie à détacher les boules du sapin, ranger les guirlandes et me séparer de cet arbre qui avait reçu tant de confidences en abritant les jouets convoités. Mais il suffisait de peu de chose pour prolonger la magie, même après Noël. Pour célébrer le passage à l'an nouveau, j'aimais jeter dans la cheminée quelques brisures de sapin. Un crépitement faisait chanter les flammes, comme pour m'annoncer les agapes à venir, le cortège des souhaits et les gris-gris porte-bonheur. Bientôt, les Rois mages s'inviteraient à la fête. Et ce dernier banquet mettrait Noël en veille pendant toute une année.

1

À l'aube de l'an neuf

Adieu le sapin, bonjour l'an neuf 226
Un réveillon bien pensé 230
Bulles et bonne chair 231
Que la nuit pétille ! 238
Au bonheur du gui 242
Des étrennes pour les plus sages 244

Adieu le sapin, bonjour l'an neuf

la fête de Knut

La coutume veut, qu'en Suède, le 13 janvier, jour de la Saint-Knut, chacun jette son ***sapin par la fenêtre***. C'est ainsi, m'a confié Kerstin, que se terminent les festivités de Noël comme l'avait décidé Knut, le roi viking, il y a plus de mille ans. Pour fêter l'événement et saluer tout à la fois le retour de la lumière, chacun chante et danse autour du sapin avant de le dépouiller de ses décorations. Soigneusement emballées, elles rejoignent leur carton. Les enfants grignotent les derniers pains d'épice, les bonbons, les friandises. Quand les branches sont dégarnies, on ouvre grand les fenêtres et les sapins s'envolent au milieu de cris de joie. Mais rien ne se perd, chacun ramasse les carcasses. Bientôt, elles seront réduites en petit bois ou en paillis.

recyclez votre sapin

Faites un petit geste pour la planète. Si vous êtes équipé d'un broyeur à végétaux, réduisez votre sapin en ***paillis***. Conservez celui-ci pour l'étendre au jardin entre vos rangs de légumes printaniers ou au pied de vos arbres. Il enrichira le sol, vous fera économiser de l'eau et freinera la pousse des mauvaises herbes. Faute d'équipement, recherchez près de chez vous un point de recyclage. Ne déposez aucun sapin artificiel, ils ne sont pas acceptés. Portez au recyclage des sapins naturels sans neige ou givre artificiel, débarrassés de toutes leurs décorations et de leurs guirlandes. Votre sapin, réduit en ***compost***, participera à l'entretien des espaces verts de votre commune.

brindilles utiles

Avant le recyclage, conservez quelques brindilles. Déposées sur vos plates-bandes, elles feront ***barrière aux matous*** du voisinage en les empêchant de venir gratter dans vos plantations.

Piquez-en aussi quelques-unes autour de vos plantes les plus fragiles. Cette palissade les abritera efficacement des ***coups de vent***.

aiguilles futées

Votre sol est jonché d'aiguilles ? Faites-en bon usage. Mélangez-les à la terre du jardin. Elles l'allégeront tout en entretenant son acidité.

Et ne rendez pas jaloux vos pots de terre de bruyère, recouvrez également leur surface d'un ***paillis*** d'aiguilles. Bien protégés du froid, ils auront ainsi besoin de moins d'arrosages.

sapin en motte

Le marchand de sapins vous a vendu un arbre de Noël en motte ? Avant de le ***replanter au jardin***, vérifiez que les racines sont entières. Et armez-vous de patience : vous devrez attendre la fin des gelées. Le moment venu, si vous craignez d'être envahi par une pousse gigantesque, faites don de votre sapin à votre commune. Il retrouvera une deuxième vie et grandira parmi les arbres des ***parcs municipaux***.

sac à sapin

Savez-vous que votre sac à sapin peut aussi nourrir les jardins ? Empaquetez-y votre arbre et jetez-le avec les déchets verts. Biodégradable, il se transformera en quelques semaines en ***humus*** pour être étendu dans les parcs de votre ville.

Et si votre achat était lié à un ***programme de développement durable***, rapportez le sac en magasin avec la carcasse du sapin. Sa collecte générera des fonds en faveur du reboisement de forêts à travers le monde ou de la protection de l'environnement.

stockez en beauté

Si vous avez de la place pour la stocker, transformez la carcasse toute sèche de votre sapin en un arbre rutilant. Découpez des bandes de ***papier aluminium*** et entourez d'argent le tronc et les branches en froissant légèrement le papier. Quand Noël sera de retour, parez votre sapin de boules blanches ou accrochez-y des décorations aux couleurs vitaminées. Ambiance chic ou Bollywood, à vous de décider.

Un réveillon bien pensé

les quantités au plus juste

Lorsque l'on convie beaucoup d'amis, on a tendance à cuisiner plus qu'il ne faut. J'ai une astuce pour trouver le bon équilibre. Je choisis des ***recettes*** prévues ***pour 4 ou 6 personnes*** et je ***multiplie les portions*** par le nombre d'invités. Si la soirée commence tôt, je prévois quelques quantités en plus. Les plus gourmands pourront picorer dès leur arrivée.

bien présenter le buffet

Vos invités seront à peine entrés que leurs regards se porteront vers votre buffet. Alors, rendez-le ***appétissant***. Utilisez des sticks en bois pour vos brochettes et piquez celles-ci sur de grosses pommes vertes ou alignez-les sur un plateau recouvert d'un papier de couleur coordonné à vos nappes. Pour ne pas encombrer les tables de récipients, empilez des verrines, des petits verres, des ramequins en pyramide. Mais pour éviter que tout ne s'écroule, glissez une plaque de pâtissier en carton entre chaque étage.

Bulles et bonne chair

les bons classiques

Ma grand-mère préparait de délicieux cakes salés et sucrés et des quiches aux légumes dès qu'un invité s'annonçait à l'improviste. Il lui fallait moins d'une heure pour entreprendre son « dépannage gourmand », comme elle s'amusait à appeler ses recettes de dernière minute. J'aimais particulièrement son ***cake au saumon et aux poireaux***. D'abord, elle faisait revenir des blancs de poireaux dans un peu de beurre salé avant d'ajouter 200 g de filets de saumon frais coupés en morceaux. Le temps que le tout rissole, Grand-maman fouettait dans un saladier 3 œufs entiers, 150 g de farine et 1 paquet de levure chimique. Elle ajoutait à ce mélange les poireaux et le saumon, 100 g de gruyère râpé, 8 cuillerées à soupe de lait et 7 cuillerées d'huile, en relevant le goût d'un soupçon de sel et de poivre. Le cake, enfourné à 180 °C, ressortait du four 45 minutes plus tard, tout doré, moelleux. Succulent ! Pour le présenter joliment sur votre buffet, coupez-le en petits dés piqués de sticks en bois et accompagnez-le de verrines remplies de sauce au fromage blanc et à la ciboulette.

délice salé

Il y avait un autre classique de ma grand-mère que j'appréciais tout autant : ses ***gougères au fromage***. La recette est si simple qu'il serait dommage de se priver de son subtil goût salé et de son allure de petit chou tout gonflé. Faites chauffer dans une casserole ¼ de litre d'eau avec 75 g de beurre et 1 cuillerée à café de sel. Au premier bouillon, retirez la casserole du feu et ajoutez en une seule fois 150 g de farine. Remuez vivement pour obtenir une pâte lisse puis remettez sur le feu. Desséchez la pâte sans cesser de remuer jusqu'à ce qu'elle se détache de la casserole. Hors du feu, ajoutez un à un 4 œufs entiers et 150 g de gruyère râpé. Moulez de petits tas à l'aide de deux cuillerées à café et déposez-les sur une plaque beurrée. Enfin, dorez-les à l'œuf battu avant de les enfourner à 180 °C pendant environ 30 minutes.

Variez les plaisirs, incorporez à la pâte des brisures de jambon ou de saumon fumé, des tout petits lardons ou des rondelles d'olives vertes.

boissons pour tous

A côté de la table de service garnie de vaisselle et de verres, installez une grande bassine en fer-blanc remplie d'eau et de glaçons et placez-y toutes les bouteilles qui demandent à être réfrigérées. Posez les autres au sol au pied de la table. Pour ne manquer de rien, prévoyez du champagne ou du crémant, des jus de fruits, des boissons gazeuses, des bouteilles d'eau plate et d'eau pétillante en comptant ***une bouteille pour 4 personnes***.

sangria blanche

La sangria a un petit parfum de soleil et de fête. Pour l'occasion, pourquoi ne pas la préparer avec du ***champagne*** ? Sortez vos plus jolis saladiers et rendez-les festifs en givrant leurs bords d'un trait de sucre humide. Additionnez de 4 cuillerées à soupe de cognac et de porto, de 5 morceaux de sucre et d'1 pincée de cannelle, une bouteille de champagne ou de crémant. Laissez macérer au frais pendant 4 heures avant de compléter avec le jus de 2 oranges pressées, 2 oranges coupées en morceaux, 1 citron vert et 1 citron jaune, taillés en rondelles. Servez bien frais, la fête peut commencer !

l'excellent dessert

C'est ainsi que ma grand-mère l'avait baptisé. Elle le confectionnait pour le Nouvel An et nous en régalait la nuit du réveillon. Un vrai délice !

La veille au soir, préparez une ***crème à la vanille***. Faites fondre en caramel 8 morceaux de sucre avec un peu d'eau. Retirez du feu et ajoutez doucement 1 l de lait en remuant. Sucrez à volonté (4 à 5 morceaux), ajoutez un bâton de vanille et faites cuire à petit feu pendant ¼ d'heure puis retirez la casserole. Battez 4 œufs entiers et ajoutez-les doucement à la crème à la vanille. Versez ce mélange dans une autre casserole et faites épaissir sur le feu.

Le lendemain, préparez une pâte souple en mélangeant 100 g d'***amandes*** pilées avec autant de beurre fin et autant de sucre. Ajoutez 4 cuillerées à soupe de crème à la vanille pour réduire le mélange en pommade.

Chemisez un moule à charlotte de ***biscuits à la cuillère*** (le pourtour et le fond), tapissez le fond d'une couche de crème aux amandes, recouvrez de biscuits à la cuillère et alternez les couches jusqu'à remplir le moule. Terminez par des biscuits.

Démoulez ½ heure avant de servir, coupez en portions individuelles et servez-les dans des ramequins en les recouvrant de crème à la vanille.

notes sucrées

Pour tous ceux qui n'oseront pas succomber à votre excellent dessert, préparez des notes sucrées, des ***brochettes de fruits***, pêches, oranges, fraises, ananas ou encore des ***smoothies*** de fruits frais. Réduits en purée au blender, ils séduiront par de gourmandes associations de fruits du jardin et de fruits exotiques : fraise et mangue, pêche et banane, framboise et fruit de la passion. Rendez-les très rafraîchissants en les allongeant d'un peu d'eau et de glace pilée.

rituel de Nouvel An

Je tiens d'Emilia l'histoire des ***grains de raisin*** dont aucun Espagnol ne saurait se passer la nuit du réveillon. Juste avant les douze coups de minuit, chaque invité en choisit douze. Autant de grains que de mois à venir pour saluer la nouvelle année et en tirer félicité et prospérité. À chaque coup de carillon, très vite, chacun avale un grain en formulant un vœu. Ainsi, l'année peut commencer et porter chance à chacun.

incontournable soupe de réveillon

Quand l'aube s'annonce, clôturez votre réveillon par la traditionnelle ***soupe à l'oignon***. Vous pouvez la préparer à l'avance et la réchauffer, ou inviter vos amis à vous rejoindre en cuisine pour concocter cette incontournable recette en bonne compagnie. Émincez 4 gros oignons et faites-les dorer dans un peu de beurre. Ajoutez une cuillerée à soupe de farine fluide en remuant vivement. Mouillez avec 1,5 l d'eau et laissez mijoter. 20 minutes plus tard, versez la soupe dans des bols résistant à la chaleur. Posez dessus des tranches de pain de campagne que vous aurez toastées, recouvrez de fromage râpé et passez sous le gril une dizaine de minutes.

recycler les restes

Pensez à recycler les restes pour ne pas vous remettre aux fourneaux le 1er janvier. Rangez ***au frais les denrées non consommées*** dès que la fête est achevée. Et si vous croulez sous l'abondance, invitez vos amis à partager avec vous les restes du festin.

petit déjeuner de Nouvel An

Le petit déjeuner du premier de l'An devait prolonger la fête. Ainsi en avait décidé ma grand-mère qui savait nous régaler des recettes les plus gourmandes. Et son ***pain perdu au caramel*** en faisait partie. Rapide à préparer, il nous faisait saliver dès que nous étions levés. Grand-maman coupait d'épaisses tranches de pain brioché qu'elle trempait dans une coupelle remplie de lait, auquel elle ajoutait une pincée de cannelle en poudre, 1 sachet de sucre vanillé, 50 g de sucre semoule et autant de poudre d'amandes. Pendant qu'elle s'affairait, je battais 2 œufs entiers dans une assiette. Bien imbibées de ce mélange, les tranches de brioche étaient rissolées dans du beurre fondu et finissaient dans nos assiettes surmontées d'une grosse boule de glace au caramel. De quoi bien commencer la journée !

Que la nuit pétille !

ballons et lanternes célestes

Un lâcher de ballons en pleine nuit, quoi de plus magique ? Des ballons biodégradables en ***latex*** ne laisseront leur empreinte dans la nature que peu de temps. Après les avoir gonflés à l'hélium (vous trouverez des bouteilles de gaz en location dans les boutiques d'accessoires de fêtes), attachez à leur base un sachet en papier contenant vos vœux les plus précieux avec vos coordonnées. Mais avant l'événement, prévenez votre mairie. Elle transmettra votre demande auprès de la préfecture et de l'aviation civile afin de vous délivrer une autorisation. Faites un vœu, que ces messagers du Nouvel An vous portent bonheur !

Pour la beauté du spectacle, laissez-vous tenter par un envol de lanternes célestes ignifugées et biodégradables. Tradition ancestrale en Thaïlande, la coutume veut que l'on écrive ses vœux sur l'enveloppe de ***papier*** avant de les gonfler à l'air chaud. Montant jusqu'à 500 m, elles porteront au firmament vos vœux de Nouvel An. Ne lancez vos lanternes que dans un endroit totalement dégagé d'habitations, d'arbres ou de fils électriques et au minimum à 8 km d'un aéroport. Quand elles s'élèveront dans le ciel, petites lucioles au milieu de la nuit, certains y verront peut-être des ovnis tant le spectacle est magique.

immortaliser les feux d'artifice

Profitez de la nuit de Nouvel An pour jouer les reporters et ***photographier*** les feux d'artifice. Un appareil doté du mode nuit ou pouvant rester en pose plus de 2 secondes vous permettra d'immortaliser l'événement avec succès. À condition de vous équiper d'un trépied. C'est l'assurance d'obtenir des images nettes. Pensez aussi à emporter une lampe de poche pour manipuler aisément l'appareil dans le noir et, en cas de pluie, partez avec des sacs plastique et un parapluie pour protéger votre appareil.

Nouvel An des rues

Dans certaines villes ou certains villages, on déploie toute l'imagination possible pour organiser le Nouvel An dans les rues. Souffleurs de feu, saltimbanques, chars fantastiques ou automates géants, c'est toute une ***féerie*** qui emplit la dernière nuit de l'année. Ne manquez pas cet événement, s'il a lieu à proximité de chez vous.

superstitions

C'est décidé, vous aller croire, au moins une fois, aux superstitions qui vous promettent chance, amour et prospérité tout au long de l'année. Portez, la nuit du Nouvel An, ***un vêtement doublé de jaune*** ou déposez des ***coupelles de lentilles*** partout dans la maison et vous ne manquerez pas d'argent au cours des douze prochains mois. Si vous déposez des ***pétales de rose*** dans votre lit et allumez une bougie de même couleur dans votre chambre, l'année nouvelle vous fera rencontrer le grand amour ou vous assurera de conserver celui qui est le vôtre. Pourquoi s'en priver ? Faites un vœu, le meilleur devrait vous arriver !

noche vieja

Noche vieja, « la vieille nuit », c'est ainsi qu'on appelle en Espagne la nuit de Nouvel An, m'a soufflé à l'oreille Emilia. C'est le moment du renouveau. On range la maison. On ouvre grand les fenêtres et, d'un jet, ***on jette les vieux objets*** dehors. Adieu vieilleries ! Vive la nouvelle année ! On l'étrenne en s'habillant de vêtements neufs le 1er janvier. Ainsi, l'on est sûr que l'année sera bonne.

le gâteau de saint Basile

Athènes, nuit du 31 décembre. Nana prépare la « ***Vassilopita*** », son délicieux gâteau de Nouvel An porte-bonheur. Ce n'est qu'après minuit qu'on le dégustera en convoitant la pièce de monnaie cachée en son cœur. D'ailleurs, est-ce bien assez pour attirer la chance ? Qui franchira le premier la porte d'entrée juste après minuit ? On attend le premier visiteur avec impatience et on rêve secrètement qu'il ait la baraka. En cas de doute, chacun a préparé quelques amulettes à offrir en cadeau, un fer à cheval, une pièce de monnaie, une grenade rouge et mûre à souhait. Rien n'est de trop pour attirer la bonne fortune tout au long de l'année. Déjà, les enfants rêvent. Dans quelques heures, ils découvriront les cadeaux de Nouvel An que saint Basile aura déposé dans leurs souliers.

Pour préparer la Vassilopita, faites tremper 300 g d'abricots secs, 300 g de figues et 300 g de pruneaux d'Agen dans un peu de cognac. Pendant ce temps, battez 250 g de beurre avec autant de sucre glace, ajoutez 125 g de poudre d'amandes et le même poids de pistaches hachées. Un à un, mêlez 6 œufs entiers, incorporez les fruits macérés, 250 g de farine et 1 cuillerée à café de levure. Glissez dans la pâte une pièce de monnaie, lavée, frottée et reluisante, enfermée dans du papier aluminium. Faites cuire le gâteau 1 heure à 180 °C et faites un vœu pour remporter la pièce porte-bonheur.

Au bonheur du gui

embrassons-nous sous le gui

Il y avait au fond du jardin de ma grand-mère un pommier décharné tout envahi de gui. Aucune feuille sur le vieil arbre mais un essaim de tiges vertes ponctuées de perles blanches. Avant de fêter la nouvelle année, nous allions dans la neige en décrocher quelques rameaux. Grand-maman les rassemblait, enlaçait les tiges d'un ruban avant de les suspendre au lustre du salon. Et quand minuit sonnait, chacun se rassemblait sous le gros bouquet. On s'embrassait gaiement en souhaitant à chacun ***longue vie et prospérité***. Douze nuits plus tard, les amoureux brûleraient les branches de gui, jurant de ne pas se disputer avant la fin de l'année. C'est ainsi que nous fêtions le gui porte-bonheur.

porte-bonheur

Parsemez un peu de bonheur ***dans la maison*** en prenant le motif du gui comme prétexte. Du bout de votre pinceau, semez de petites branches, des feuilles ou des couronnes sur des coussins, sur un plaid, sur un sac de toile, un tablier, ou embellissez une boîte à secrets ou des pots de terre cuite. Déposé en quelques touches dans votre univers, le gui vous amènera bonheur et chance tout au long de l'année.

papier et cotillons

Cultivons le bonheur dès le plus jeune âge ! Un peu de papier et des boules de cotillon seront suffisants aux enfants pour réaliser de jolis ouvrages en découvrant les traditions. Faites-leur découper une multitude de feuilles de gui et laissez-les fixer par un point de colle les boules de cotillons. Ces motifs décoreront la nappe du goûter ou, accrochés en ribambelle, vous les suspendrez à votre fenêtre en un ***rideau porte-bonheur***.

talisman

En ce début d'année, mettez toutes les chances de votre côté. Attirez la bonne fortune en accrochant ***une branche de gui à votre cou***. Troquez le rameau naturel contre un sautoir composé de quelques feuilles de feutre ou de lainage. Cousez des perles blanches et montez le gui à petits points sur un lien de ruban vert. Portez sur vous cette « plante qui guérit tout », comme les Gaulois le prétendaient. Et faites-en une promesse de bien-être.

Des étrennes pour les plus sages

étrennes en famille

La tradition familiale voulait que nous rendions visite aux cousins, oncles et grands-parents le premier jour de l'An. Toute une journée à grignoter des gâteaux ! Mais l'ultime récompense pour les enfants était de repartir avec une ***orange*** et une ***pièce de monnaie***. Pour garder le contact ou tisser des liens, remettez à l'honneur cette tradition qui remonte au temps des Romains. Et si vous n'êtes pas très argenté, offrez des pièces en chocolat, les enfants apprécieront tout autant.

cadeaux de Nouvel An

Une petite attention ira droit au cœur de vos invités, le jour de l'An. Jouez la carte des étrennes en déposant un petit cadeau ***dans leur assiette***, quelques chocolats ou petits fours maison, un billet de tombola, un livre de poche ou une belle carte de vœux.

Pour les enfants, pensez aux mini-puzzles, aux tirelires porte-bonheur en forme de petit cochon ou aux boules surprise en chocolat.

gâtez-vous

Et si personne ne vous a offert de cadeau à Noël, laissez-vous tenter par ***ce que vous convoitez*** depuis tant de temps. Faites-vous du bien. Un cadeau que vous aurez choisi ne pourra que vous aider à commencer l'année avec entrain. Pensez à le faire emballer. Avec un joli paquet, le plaisir sera doublé.

L'épiphanie en fête

Hommage aux trois Rois mages 248
Babouchka et Befana 251
Toi, toi mon roi 253

Hommage aux trois Rois mages

l'étoile du Berger

Elle brillait dans le ciel et elle brillera chez vous. Décorez la maison d'une pluie d'étoiles pour fêter l'arrivée des Rois mages. Pour respecter l'histoire, servez-vous de matières dorées et étincelantes, des papiers laqués or, du taffetas, des velours chamarrés. Découpez, collez, cousez, suspendez. Accrochez des étoiles ***aux lustres***, ***aux poignées*** de portes ou de fenêtres. Les Rois mages devraient s'arrêter !

les cadeaux des trois Rois mages

Pour fêter l'épiphanie, présentez sur votre table les cadeaux des trois Rois mages : des sacs de pièces d'***or*** en chocolat dans leur filet précieux, des bâtons d'***encens*** parfumés au santal et de l'huile essentielle de ***myrrhe***. Faites brûler l'encens en dégustant le chocolat. Et pour apaiser votre esprit, frictionnez votre peau d'un peu d'huile essentielle de myrrhe.

le quatrième Roi mage

A*rtaban* étudiait les anciennes prophéties quand l'étoile brillant au ciel lui annonça la venue du Messie. C'est ainsi qu'il partit avec trois autres mages à la rencontre de l'élu. Chacun emportait dans ses bagages un cadeau pour l'Enfant-Roi. Melchior, Gaspar et Balthazar transportaient l'or, l'encens et la myrrhe. Artaban portait sur lui trois joyaux rutilants, un rubis, une perle, un saphir. Au ciel, l'Étoile les guidait. Quand ils croisèrent des pauvres sur leur chemin, Artaban fit halte, laissant ses compagnons poursuivre vers Bethléem.

Il prit bientôt du retard, sauvant ici et là vieillards, femmes et enfants et sacrifia pour eux les gemmes destinés au Messie. Sans jamais trouver le Roi sauveur, Artaban erra à sa recherche pendant trente-trois ans. Au terme de son voyage, ayant atteint Jérusalem, et se mourant, il entendit une voix. Le Seigneur l'avait rejoint. Il saluait sa bonté, le plus beau des cadeaux. C'est ainsi qu'Artaban, quatrième Roi mage, allait s'éteindre en paix. Tel l'imagina le grand poète américain Henry van Dyke il y a plus de cent ans.

Et si le quatrième Roi mage était ***le Père Noël*** ? De sa Russie natale, Dasha rêve à ce mage égaré. On raconte là-bas qu'il se serait perdu tant la Russie est vaste et que jamais il n'aurait pu atteindre Bethléem. Prêtez l'oreille, petits enfants : depuis 2 000 ans, le traîneau du Père Noël erre parmi les steppes. Écoutez bien les grelots quand s'arrêtent les rennes. Le Père Noël distribuera des cadeaux à tous les enfants croisés sur son chemin.

le baiser de Balthazar

Cadeaux aux enfants sages, charbon pour les méchants. Ainsi le veut la tradition en Espagne et dans les pays latins quand les Rois mages déposent dans les petits souliers les cadeaux de Noël. Et si, au lever du jour, un ***trait de charbon*** barre la joue d'un enfant, on raconte qu'au passage des Rois mages, Balthazar s'est penché pour y déposer un baiser.

Babouchka et Befana

Babouchka

Je tiens de Dasha la belle histoire de Babouchka. Chaque année, pendant la ***nuit de l'épiphanie***, la bonne fée des forêts distribue cadeaux et friandises à tous les enfants des pays slaves.

Il y a très longtemps, alors que la neige recouvrait la contrée, Babouchka, recluse dans son isba, filait la laine devant la cheminée quand, soudain, elle entendit frapper à sa fenêtre. Il y avait là trois voyageurs vêtus d'or, de brocart et de velours, égarés dans la tourmente de l'hiver. Ils n'étaient autres que les Rois mages en route pour Bethléem à la rencontre de l'Enfant-Roi.

Babouchka, craignant le froid, leur montra du bout du doigt le chemin qu'ils devaient prendre. Mais, retournée à son ouvrage, elle fut prise de remords. À la hâte, elle empoigna un manteau chaud pour affronter la bise et une hotte remplie de jouets, de friandises et d'un peu de pain noir. C'est ainsi que Babouchka partit à la recherche des Rois mages. Hélas, le vent avait tant soufflé qu'il avait recouvert toute trace de pas. Babouchka, si dépitée, voulut qu'on lui pardonne d'avoir tant tardé. Désormais, malgré la neige, malgré le froid, elle irait de maison en maison distribuer ses cadeaux à tous les petits enfants. Elle déposerait aussi un morceau de pain noir pour que chacun se souvienne de son voyage à la recherche des Rois mages.

la Befana

La légende veut qu'en Italie, dans la nuit du 5 au 6 janvier, une vieille sorcière au nez crochu, vêtue de noir et chaussée de croquenots percés, enfourche son balai pour porter des cadeaux aux enfants. Dans son sac de toile, elle transporte tout à la fois des jouets pour les gentils et du charbon pour les méchants. C'est qu'autrefois, la Befana a, elle aussi, rencontré les Rois mages. Mais au lieu de les suivre, elle aurait préféré terminer son ouvrage et ranger ses fagots. Prise de regrets, elle erre chaque année à la rencontre des enfants pour se faire pardonner. La nuit de l'épiphanie, dès que le vent murmure « La Befana viendra la nuit avec ses souliers cassés et son chapeau à la romaine. Vive, Vive la Befana ! », la sorcière bien-aimée se glisse dans les cheminées pour déposer quelques présents dans chaque petit soulier.

Toi, toi mon roi

la fève

On raconte que la fève que l'on est tout heureux de trouver aujourd'hui dans nos galettes serait née le jour où Peau d'Âne perdit sa bague. Tombée dans le gâteau destiné au prince du royaume, elle manqua d'étouffer le jeune garçon. C'est ainsi qu'il jura de prendre pour épouse celle dont le doigt entrerait dans le minuscule anneau.

Mais on dit aussi que les Romains festoyaient joyeusement, cachant dans leur festin la fève qui élisait le roi de leur banquet. Haricot comme autrefois, bébé de porcelaine, figurine de plastique ou encore louis d'or, n'oubliez pas de cacher une fève au cœur de la galette. Elle promet ***chance, richesse et bonheur*** à celui qui la découvrira.

la brioche des rois

C'est d'Espagne qu'Emilia m'a rapporté la recette de la brioche des rois. Chaque année, le 6 janvier, elle la confectionne en l'honneur des Rois mages.

Pour préparer ce gâteau tout joufflu, faites fondre ½ paquet de levure de boulanger dans une tasse de lait tiède et 2 cuillerées à soupe d'eau de fleur d'oranger. Ajoutez

500 g de farine, 2 grosses poignées de fruits confits puis incorporez, un à un, 4 œufs entiers, 50 g de sucre en poudre et 175 g de beurre ramolli. Pétrissez ¼ d'heure en soulevant la pâte puis recouvrez d'un torchon et laissez gonfler 4 à 5 heures. Recommencez le pétrissage 2 à 3 minutes et ajoutez la fève. Déposez la pâte dans un moule beurré en la façonnant en forme de couronne. Glissez au centre un rouleau de carton recouvert de papier cuisson. Laissez lever 1 heure encore avant d'enfourner à 180 °C. 1 heure plus tard, au sortir du four, préparez un glacis épais de sucre glace et d'eau. Enduisez le dessus de la brioche et recouvrez d'une ***couche de fruits confits***.

la couronne

Pour fêter l'épiphanie, mettez-vous à l'ouvrage et confectionnez la plus belle des couronnes. Découpez-la dans du carton souple ou du papier épais avant de la recouvrir d'un jet de peinture or, de brocart ou de velours. Collez des pierres de pacotille, de la soutache, des cordons de passementerie. La couronne brillera de mille éclats pour faire de vous ***le roi ou la reine d'un jour***.

la galette des rois

La galette feuilletée de ma grand-mère aurait pu faire pâlir d'envie le Petit Chaperon rouge. Avant que Grand-maman ne commence à la couper, je me faufilais sous la table. Et à chaque coup de couteau, je décidais de la distribution des parts, une par convive sans oublier la part supplémentaire que Grand-maman appelait la « part du pauvre ». Elle la destinait plutôt à un visiteur de dernière minute, mais si personne n'avait trouvé la fève, on tirait au sort le dernier morceau. C'est ainsi que la couronne pouvait enfin se poser sur la tête du roi ou de la reine d'un jour.

Pour réaliser la galette, commencez par préparer la crème ***aux amandes*** en mélangeant 4 œufs, 4 cuillerées à soupe de sucre et 6 cuillerées de poudre d'amandes. Étalez la crème sur un rond de pâte feuilletée, cachez la fève dans la frangipane et recouvrez d'un second disque de pâte. Trempez vos doigts dans un peu de lait et pincez les bords de la galette pour les souder. Dessinez des croisillons sur le dessus avec la pointe d'un couteau puis dorez à l'œuf battu avant d'enfourner 30 minutes à 180 °C.

Tour du monde des rites insolites

Tour à tour porteuses de chance ou de malheur, les vieilles croyances de Noël ont traversé les siècles en puisant dans les anciennes fêtes païennes leurs rites et leurs superstitions. Depuis la nuit des temps, d'étranges histoires se colportent au plus profond de nos campagnes. La nuit de Noël, quand au dehors les esprits rôdent et jettent leurs sortilèges, petits et grands redoutent les maléfices mais chacun, en secret, espère la bonne fortune. Gare à celui qui ne respecterait pas les us et coutumes !

Étranges histoires, curieuses coutumes

De vieilles croyances dans nos provinces 260
En Norvège, en Islande 262
En Allemagne, en Autriche, en Suisse, en Belgique 264
En République tchèque, en Pologne 266
En Écosse, au Danemark 267
En Italie 268
Au Portugal, en Grèce, à Chypre 270
« Joyeux Noël ! », « Bonne Année ! » : les mots pour le dire autrement 272
Quel temps fera-t-il à Noël ? 278
Bons et mauvais présages 281

De vieilles croyances dans nos provinces

mauvais esprits

On sait depuis longtemps qu'il faut, à minuit, ***ouvrir toutes les portes*** pour aider les mauvais esprits à quitter la maison. Mais attention aux revenants. La nuit de Noël, les fantômes n'hésitent pas à s'inviter à table pour partager le repas de réveillon.

abréger la messe de Noël

Autrefois, la messe de Noël était prétexte à bien des superstitions. Il est dit que celui qui y assistait ne devait en aucun cas abréger la cérémonie. Sinon, il croiserait des ***morts déambulant en cortège*** aux abords de l'église.

animaux et plantes

On rapporte encore, qu'à minuit sonnant, les arbres fruitiers se couvraient de fleurs et les animaux se mettaient à parler entre eux comme les hommes. Il ne fallait surtout pas les écouter sous peine de devenir muet. Mais, au douzième coup d'horloge, tous les ***sortilèges*** disparaissaient.

rameau d'or

On raconte aussi que, naguère, certains noisetiers portaient un rameau d'or. Celui qui parvenait à scier la précieuse branche entre les douze coups de minuit était assuré de ***richesse*** jusqu'à la fin de sa vie. Mais malheur à celui qui n'y arrivait pas à temps ! Il rejoignait les morts.

naître le 25 décembre

Les vieilles superstitions affirment que le jour de Noël est porteur de ***chance*** et de ***bonheur*** pour celui qui naît ce jour-là.

En Norvège, en Islande

bol de porridge

Si vous vous promenez en Norvège juste avant Noël, observez les jardins. Et soyez attentif. Si des volutes de fumée s'élèvent du sol, ne croyez pas au réveil d'un éventuel volcan ! Pour attirer les bons augures et s'assurer la ***protection du gnome de Noël***, il est coutume de déposer auprès de la maison un ou deux bols de flocons d'avoine gonflés de lait chaud. La légende prétend que les animaux tomberaient malades si le gnome était oublié ou ne mangeait pas à sa faim. On dit aussi que les récoltes de l'année à venir seraient de mauvaise qualité. Mais c'est aussi l'occasion pour la famille de partager les restes du porridge après le passage du fameux lutin. Chacun espère aussi trouver l'amande cachée dans la bouillie pour gagner un petit cochon en pâte d'amandes.

13 Pères Noël

En Islande, on n'attend pas le Père Noël mais treize d'entre eux, les fils de Gryla la méchante ogresse. Treize jours avant Noël, le premier des Pères Noël quitte sa montagne pour déposer un petit cadeau dans la chaussure des enfants sages. Chaque jour, un autre des Pères Noël fait la tournée des maisons jusqu'à ce que les souliers soient remplis de ***treize petits cadeaux***. Mais gare aux garnements, ils ne trouveront dans leurs chaussures que de vieilles pommes de terre et pourraient être enlevés par Gryla s'ils étaient désobéissants.

habit neuf

La légende raconte que les chats des maisons islandaises capturent les petits enfants pour les dévorer le jour de Noël. Seul un vêtement neuf peut les ***protéger***. C'est pourquoi les petits Islandais reçoivent, chaque année, à Noël, un nouvel habit.

En Allemagne, en Autriche, en Suisse, en Belgique

plomb fondu

En Allemagne, en Autriche et en Suisse, la tradition veut que, dans la nuit du 31 décembre, on lise l'avenir dans le plomb fondu. C'est ainsi que l'on répète depuis la nuit des temps le même rite étrange. C'est au plus ancien des invités que revient l'honneur de chauffer au briquet ou à la bougie un morceau de plomb déposé dans une cuillère. Dès que la matière se liquéfie, elle est jetée dans un grand bol d'eau froide. Alors chacun se met aussitôt à ***interpréter l'avenir***. Il suffit d'observer les formes dessinées par le plomb à la surface de l'eau pour découvrir sous quels augures la chance, le bonheur, la prospérité s'installeront dans la maison toute une année.

pièce de monnaie

Du côté de Liège, en Belgique, on a coutume de préparer la choucroute pour le réveillon du Nouvel An. On la déguste en famille avec une pièce de monnaie dans la main, cachée sous l'assiette ou dans sa poche pour être sûr de ***ne pas manquer d'argent*** tout au long de l'année à venir.

En République tchèque, en Pologne

repas végétarien

C'est autour d'agapes végétariennes que les Tchèques réveillonnent. Car une croyance ancienne perdure. Si l'on mange de la viande ou du poisson pendant le repas du réveillon, on court le risque de voir l'animal détaler en emportant le ***Bonheur*** avec lui. Pour s'attirer, malgré tout, la bonne fortune, les Tchèques cuisinent des lentilles, symbole de profusion et de richesse.

écailles de poisson

En Pologne, le passage à la nouvelle année donne l'occasion de se débarrasser de toutes les mauvaises choses. Il est ainsi coutume de régler ses dettes avant le 31 décembre, puis de festoyer en dégustant une carpe farcie. À la fin du repas, chacun récupère quelques écailles de poisson et les place, tel un talisman, dans son porte-monnaie. De quoi s'attirer la ***bonne fortune*** tout au long de l'année !

En Écosse, au Danemark

first footing

En Écosse, au Nouvel An, on pratique le *first footing* pour ***attirer la chance***. Le jeu consiste à être le premier à passer le seuil de la maison d'un ami ou d'un voisin juste après minuit. Le rituel s'accompagne de quelques cadeaux : du whisky, un morceau de charbon et des petits pains au raisin. Ainsi l'année à venir pourra-t-elle commencer sous de bons augures.

sauts de fauteuil

Au Danemark, dès que tintent les premiers coups d'horloge, un jeu étrange commence. Chacun des invités grimpe dans un fauteuil. Au douzième coup d'horloge, tout le monde saute « dans » la nouvelle année en bondissant à pieds joints. On ***enterre*** ainsi ***l'année écoulée*** en échangeant ses meilleurs vœux.

En Italie

lingerie rouge

Très coquine, la nuit du réveillon en Italie ! Pour fêter le passage à la nouvelle année et attirer l'***amour*** et le ***bonheur***, chacun doit porter, cette nuit-là, des sous-vêtements de couleur rouge. La coutume veut aussi que les hommes les plus audacieux offrent aux femmes de leur entourage une petite culotte rouge en leur souhaitant une année riche en événements heureux !

lentilles

Pour s'assurer la ***richesse*** et l'***abondance*** douze mois durant, il est coutume, en Italie, d'avaler une cuillerée de lentilles au rythme des douze coups d'horloge. Pour corser l'exercice, certains accompagnent les légumineuses de succulents pieds de cochon farcis, les *zampone*.

papier jeté dans la cheminée

En Italie, une superstition veut que l'on inscrive sur un papier ses douze souhaits les plus chers. Il n'y a plus qu'à attendre minuit et jeter le papier dans la cheminée pour s'assurer que ***les vœux se réaliseront*** au cours des douze prochains mois.

vieux objets

Si vous vous promenez dans les rues de Naples, la nuit du Nouvel An, évitez de passer sous les fenêtres. La tradition veut que l'on jette tous les vieux objets qui encombrent afin de célébrer la fin de l'année et ***faire place au renouveau***.

Au Portugal, en Grèce, à Chypre

chaussure

Lorsque minuit sonne, les Portugais, tout comme les Espagnols, avalent douze grains de raisin pour attirer la chance au cours des douze mois à venir. Mais au Portugal, s'ajoute un autre rituel. Sitôt le raisin englouti, on jette une chaussure en l'air pour s'assurer que l'***année*** sera vraiment ***faste***.

lumières et robinets

Les Grecs les plus traditionnels répètent chaque année le même rite. Quand minuit sonne, ils éteignent toutes les lumières et ouvrent les robinets. Ainsi, comme le prétendent les croyances d'autrefois, ***l'eau et l'électricité se renouvelleront*** au passage de la nouvelle année.

éternuements

Ce ne sont pas les courants d'air qui font éternuer les Chypriotes quand retentissent les douze coups de minuit. La coutume veut que chacun s'adonne à cette pratique ***pour se garantir du meilleur*** pendant toute une année.

« Joyeux Noël ! », « Bonne Année ! », les mots pour le dire autrement

en France

Régions de France/ DOM-TOM	Dites-le en…	Joyeux Noël	Bonne Année
Alsace	alsacien	E gleckika Winachta	Güets nëies johr
Bretagne	breton	Nedeleg Laouen	Bloavezh mat/ Bloavez mad
Corse	corse	Allegru Natalu	Bon capu d'anu/ Pace e Salute
Guadeloupe	créole guadeloupéen	Jwaïeu Nouel	Bonanné
Guyane	guyanais	Bon Nwèl	Bon lannen
Languedoc	occitan	Bon Nadal	Bona Annada

Régions de France/ DOM-TOM	Dites-le en...	Joyeux Noël	Bonne Année
Lorraine	lorrain	Frohe Weihnachte	Proscht nei Johr/Beschte Wìnsch fer's neije Johr
Mayotte	shimaore	Krismas Njema Na Heri Za Mwaka Mpya	Mwaha mwema
Martinique	créole martiniquais	Jé Nwèl	Bon lanné/ Bonanné
Nord	chti	In Joïeux Noël	In'ne bonne anneï/In'ne lonque et vigoureusse
Pays basque	basque	Zorionak	Urte berri on
Provence	provençal	Bon Nouvè	Bòna annada
Réunion (île de la)	créole réunionnais	Mi souhèt à ou (toi)/ à zot (vous) zwayé noel	Bone-érèz ané
Savoie	savoyard	Bouna Shalande	

autour du monde

Pays	Dites-le en...	Joyeux Noël	Bonne Année
Afrique du Sud	afrikaans	Geseënde Kerfees	Gelukkige nuwe jaar
Albanie	albanais	Gëzuar Krishtlindjet	Vit i mbarë
Allemagne	allemand	Fröhliche Weihnachten	Gutes Jahr
Angleterre	anglais	Happy Christmas	Happy New Year
Argentine	espagnol	Feliz Navidad	Feliz Ano nuevo
Autriche	allemand	Fröhe Weihnachten	Glückliches neues jahr
Belgique	flamand	Vrolijk Kerstfeest	Gelukkig Nieuwjaar
Belgique	wallon	Djoyeus Noyè	Bone annéye
Bosnie	bosniaque	Stretan bozitch	Stretan nova godina
Bulgarie	bulgare	Vessela Koleda	Chestita nova godina
Chine	chinois (mandarin)		Xīn Nien Kuai Le

Pays	Dites-le en...	Joyeux Noël	Bonne Année
Croatie	croate	Sretan Bozic	S'astný nový rok
Danemark	danois	Glædelig Jul	Godt Nytaar
Egypte	arabe		Kol aam wa antom bekheir ! Aam saiid
Espagne	espagnol	Feliz Navidad	Feliz Ano Nuevo
Estonie	estonien	Rõõmsaid pühi	Head uut aastat
Etats-Unis	américain	Merry Christmas	Happy New Year
Finlande	finnois	Hyvää Joulua	Onnellista Uutta Vuotta
Grèce	grec (Kala Kristougenna)	Καλά Χριστούγεννα (Kala Kristougenna)	Ευτυχισμένο το Νέο (Eutukhismeno to Neo Etos)
Hollande (Pays-Bas)	néerlandais	Vrolijk Kerstfeest	Gelukkig Nieuwjaar
Hongrie	hongrois	Kellemes Karàcsonyi Ünnepeket	Boldog új évet kívánok
Islande	islandais	Gledileg Jol	Farsælt komandi ár
Israël	hébreu		Shana Tova

Pays	Dites-le en...	Joyeux Noël	Bonne Année
Italie	italien	Buon Natale	Buon anno/ Felice anno nuovo
Japon	japonais		Ake-mashite-omedeto-gozaimasu
Lettonie	letton	Priecīgus Ziemassvētkus	Laimīgu Jauno gadu
Lituanie	lituanien	Linksmų Kalėdų	Laimingų Naujųjų Metų
Luxembourg	luxembourgeois	Schéi Krëschtdeeg	Schéint Néi Joer
Malaisie	malais		Selamat Tahun Baru
Malte	maltais	Il-Milied it-Tajjeb	is-Sena t-Tajba
Maurice (île)	créole mauricien	Joyé Noël	Banané
Monténégro	monténégrin	Sretan Božić	Sretna Nova Godina
Norvège	norvégien	God Jul	Godt Nyttår
Pologne	polonais	Wesolych Swiat	Szczesliwego Nowego Roku
Portugal	portugais	Feliz Natal	Feliz ano novo

Pays	Dites-le en…	Joyeux Noël	Bonne Année
République tchèque	tchèque	Stastné Vánoce	S'astný Nový rok
Roumanie	roumain	Crăciun Fericit	La Mulţi Ani
Russie	russe	C'rojdestvam	Znovim Godom
Sardaigne	sarde	Bonu nadale	Bonu annu nou
Serbie	serbe	Sretan Božić	Sretna Nova Godina
Slovaquie	slovaque	Veselé Vianoce	Zdravie v novom roku
Slovénie	slovène	Vesel Božić	Srečno Novo Leto
Suède	suédois	God Jul	Gott nytt är
Suisse allemande	bâlois	Scheeni Wiehnachte	E guete Rutsch ins nöie joohr
Turquie	turc		yeni yılınız kutlu olsun/iyi yıllar
Ukraine	ukrainien	Z rizdvom Ristovim	Z novim rokom
Vietnam	vietnamien	Chuc mung Giang Sinh	Cung Chuc Tân

Quel temps fera-t-il à Noël ?

entre Noël et Pâques

« Noël au balcon, Pâques aux tisons »
(= S'il fait bon à Noël, il fera froid à Pâques).

« À Noël les moucherons, à Pâques les glaçons »
(= De la douceur à Noël, du froid à Pâques).

« Qui se chauffe au soleil, Noël, en ton saint jour,
devra brûler du bois quand Pâques aura son tour »
(= Celui qui profite du beau temps à Noël devra se mettre au coin du feu le jour de Pâques).

« Blanc Noël, certes Pâques. Vert Noël, blanches Pâques »
(= Même s'il neige à Noël, Pâques s'installera comme à son habitude/S'il n'y a pas de neige à Noël, il y en aura à Pâques).

« Noël grelottant, Pâques éclatant »
(= S'il fait très froid à Noël, il fera très beau à Pâques).

tout au long de l'année

« Tel temps à la Saint-Daniel, même temps à Noël »
(= il fera le même temps à Noël que le 11 décembre).

« Neige en novembre, Noël en décembre »
(= Neige précoce annonce Noël).

« Noël neigeux, été merveilleux »
(= Un hiver rigoureux prédit un bel été).

« Un mois avant et après Noël, l'hiver se montre plus cruel »
(= S'il neige un mois avant Noël ou un mois après, l'hiver sera rigoureux).

« Noël porte l'hiver dans sa besace. S'il ne l'a pas devant, il l'a derrière »
(= Si l'hiver ne s'installe pas après Noël, c'est qu'il s'est déjà installé).

« Tel est Noël, tel est l'an, telle est la Saint-Vincent »
(= Le temps qu'il fait le jour de Noël sera le même toute l'année, tout comme le 22 janvier).

« Les jours entre Noël et les Rois indiquent le temps des douze mois »
(= 12 jours séparent les deux dates. Le temps qu'il fait chaque jour donne des indications sur le temps qu'il fera chaque mois).

« Regarde comme sont menées depuis Noël douze journées car suivant ces douze jours, les douze mois auront leur cours » (signification identique au dicton précédent).

« Qui demande Noël avant l'hiver en aura deux » (= Celui qui réclame Noël trop tôt, attire le froid).

À Noël, les jours rallongent d'un pas d'hirondelle, aux rois d'un pas d'oie et, à la chandeleur, d'une heure (= De mois en mois, les jours rallongent, d'abord de quelques secondes, puis de quelques minutes, puis d'une heure).

Bons et mauvais présages

bonnes récoltes

« Noël gelé, moissons grainées »
(= Du froid à Noël annonce de bonnes récoltes).

« Noël givré, moissons fleuries »
(signification identique au dicton précédent).

« À Noël, froid dur annonce épis durs »
(signification identique au dicton précédent).

« De Noël s'il neige au lendemain, les aires sont chargées de grain »
(= De la neige à Noël annonce des récoltes abondantes).

mauvaises récoltes

« Claire nuit de Noël, claire javelle »
(= Si le temps est clément à Noël, les moissons seront peu abondantes).

« Quand Noël est étoilé, force paille, guère de blé »
(signification identique au dicton précédent).

« La nuit de Noël, la lune, il n'y aura pas beaucoup de prunes »
(= Si le ciel est clair et dégagé la nuit de Noël, il y aura peu de fruits).

« Les jours de Noël humides donnent greniers et tonneaux vides »
(= S'il pleut à Noël, il n'y aura ni récoltes ni vin).

« Entre Noël et chandeleur, il n'y a plus de laboureur »
(= Il fait si froid durant cette période qu'il est impossible de labourer les champs).

jours fastes et néfastes

« Noël vint un lundi et tout se perdit »
(= Pas de récoltes annoncées si le jour de Noël est un lundi).

« Noël un mardi, mauvais pour les semis »
(signification identique au dicton précédent, seul le jour change).

« Quand Noël tombe un mercredi, tu peux semer champs et cassis »
(= Noël un mercredi est un bon présage, n'importe quel terrain sera fertile).

« Noël le jeudi, c'est la famine, mais s'il tombe un vendredi, le blé roule sous la cendre »
(= Le jeudi est néfaste contrairement au vendredi qui donnera suffisamment de blé pour se nourrir).

« Noël un samedi, an où tout le monde mendie »
(= Noël le samedi annonce la famine).

« Si le jour de Noël se trouve être un dimanche, les ennuis de l'hiver viendront en avalanche »
(= Noël le dimanche, jour sacré par excellence, interdit au paysan de s'occuper de ses champs et prédit de gros soucis de récolte, de nourriture).

bien-être

« Manger une pomme la veille de Noël assure la santé pour la prochaine année »
(= On sait depuis longtemps que les pommes permettent de maintenir une bonne activité physique grâce au fructose et aux glucides qu'elles contiennent. Fruit d'hiver par excellence, la pomme était un remède naturel, palliant, autrefois, le manque de médicaments).

« Givre à Noël, cent écus dans votre escarcelle »
(= Une gelée blanche le jour de Noël prédit la richesse).

Vos astuces de Noël à vous

Si, dès les premiers jours de décembre, vous fourmillez d'idées à la seule évocation de Noël, si l'odeur des épices et du chocolat fait briller vos yeux de gourmet, faites de ces quelques feuillets votre calepin secret. Vous y consignerez vos recettes les plus étonnantes pour un Noël festif et gourmand. Vous pourrez aussi y griffonner toutes les réjouissances que vous planifiez pour inventer un Noël féerique. Traquez les bonnes idées au détour d'une promenade sous les premières lumières de Noël, ébauchez des esquisses, notez couleurs et ambiances et remplissez ces quelques pages de magie et de merveilleux !

Vos astuces

Décoration 288
Cadeaux 291
Recettes gourmandes 294
Activités 298
Cartes de vœux 300

DÉCORATION

DÉCORATION

VOS ASTUCES

DÉCORATION

VOS ASTUCES

CADEAUX

VOS ASTUCES

CADEAUX

VOS ASTUCES

CADEAUX

CARTES DE VŒUX

CARTES DE VŒUX

Lexique

Araser : réduire à la bonne épaisseur, couper à ras.

Brou de noix : liquide brun permettant de teindre le bois. On l'obtient par macération de l'enveloppe verte des noix.

Chéneaux : conduits collectant les eaux de pluie à la base des toits.

Crackers : ballotins de papier porte-bonheur en forme de gros bonbons remplis de petits cadeaux. Traditionnellement placés dans l'assiette des convives à Noël au Royaume-Uni, en Irlande, aux États-Unis, au Canada, en Nouvelle-Zélande, en Australie et en Afrique du Sud.

Dariole : flan ou petite pâtisserie sucrée ou salée contenant de la crème. Se cuit dans un moule haut, étroit et à bords droits.

Émeri : toile abrasive de couleur noire, utilisée pour poncer le métal.

Empeigne : partie supérieure d'une chaussure allant du coup de pied à la pointe.

Gressin : petit pain sec allongé originaire de la région de Turin en Italie. Appelé aussi *grissini*.

Lé : largeur d'un tissu entre ses deux lisières ou d'une bande de papier peint.

Paillis : couche de matériaux (paille, brisures de bois, écorces) posée sur le sol pour le protéger de la sécheresse, des parasites et des mauvaises herbes.

Pampilles : pendeloques de verre ou de métal à suspendre.

Photophore : petit récipient en verre ou autre matière destiné à recevoir une bougie.

Sequins : petites pièces décoratives dorées imitant les ducats d'or créés à Venise au XIIIe siècle.

Soliflore : vase haut et étroit destiné à recevoir une fleur unique.

Tasseau : pièce de bois longue et fine, de section carrée ou rectangulaire.

Vergeoise brune : sirop de sucre de betterave, cuit deux fois pour lui donner couleur et saveur. Ingrédient typique des pâtisseries du nord de la France et de Belgique.

Index

13 desserts de Provence, 217

A

Abat-jour, 94, 201
Adhésif, 97, 103
Argile, 58
Assiette en carton, 123, 198

B

Babouchka, 251
Befana, 251
Beurre, 210
Biscuits, 60, 81, 83, 179, 196
Bobines, 46
Boîtes d'allumette, 46
Boîtes en carton, 11, 135
Bonbons, 96, 128
Bonhomme de neige, 50
Bonhomme en brioche, 80
Bougies, 16, 86, 99, 102, 106, 107, 108, 124, 161, 183, 197, 201
Bouillottes écologiques, 166
Boule à neige, 105
Boules de Noël, 30, 101
Bouteille, 134
Boutons, 92, 130
Branche décorative, 12, 25, 40, 48, 101
Bredele, 60
Bricolage d'enfant, 11, 28, 72
Brioche des rois, 253
Bûche de bois, 43
Bûche de Noël, 67, 220
Buffet, 230

C

Cadeaux, 45, 134, 141, 146, 162, 163, 164, 166, 244
Cadres, 125
Café, 121, 221
Caisse en bois, 46, 150, 188
Cake aux épices, 148
Cake salé, 231
Calendrier de l'avent, 10
Capsules, 46, 47
Cartes de vœux, 120, 125
Carton, 45, 108, 112, 134

CD, 128
Chaussettes de Noël, 110
Chocolat chaud, 64
Cintres, 27
Citrons, 32
Colle, 31, 99, 153
Coloration, 72, 161
Confiture de Noël, 146
Cornet à surprises, 145
Couronne des rois, 254
Couronnes de Noël, 15, 86, 92
Coussins, 28
Couture, 28, 92, 115, 159
Crackers, 136
Crèche de Noël, 34, 37
Crème vanille et amandes, 234
Cuir, 115
Cure-dents, 47
Cure-pipes, 104

D

Décoration
- cheminée, 107
- fenêtres, 48, 97, 101, 243
- jardin, 101, 183, 205
- maison, 12, 26, 34, 39, 48, 94, 114, 125, 156, 161
- plafond, 27, 49, 95, 103, 197, 198
- portes, 92
- sapin, 13, 39, 62, 72
- table, 33, 99, 104, 198, 199, 200, 202, 204, 207, 214

Décoration gourmande, 63, 207, 211
Déguisement de Noël, 187, 193
Dessous-de-verre, 207
Diablotins, 136
Disque de stationnement, 120

E

Écorce décorative, 42
Épices d'hiver, 162

F

Feuille d'or, 157
Feuille d'or alimentaire, 206
Feutrine, 104, 115, 188
Fil à scoubidous, 129
Fil de fer, 26, 127, 198
Fleurs d'hiver, 108, 164, 198
Foie gras, 210
Fruits, 69, 203, 235

G

Galets, 142
Galette des rois, 255
Gommettes, 105
Gougères au fromage, 232
Gourmandises, 7, 13, 29, 55, 80, 81, 83, 84, 96, 121, 146, 196, 217, 231
Graines, 166, 169
Grelots, 113, 192
Gui, 242
Guirlande de Noël, 114, 181
Guirlande lumineuse, 98, 126, 185

H

Huîtres, 209

J

Jardinage, 164, 227
Jeux de neige, 50
Jeux de Noël, 10, 13, 38, 50
Jus de pomme à la cannelle, 7

L

Laine, 28, 93, 188
Lanternes, 99, 183, 238
Lettre au Père Noël, 17
Lussekatter, 85

M

Mandarines, 99
Mangeoires, 169
Marché de Noël, 4
Menu de Noël, 209
Menu du nouvel an, 231
Mère Noël, 87
Mousse végétale, 100, 108

N

Napperons de papier, 103, 124, 200
Nic nac, 81
Nougat noir, 219

O

Oeillets, 105
Oranges, 32, 70, 162, 212
Orangettes, 151

P

Paillettes, 31, 99, 105, 153, 197
Pain de Noël, 150
Pain d'épice, 56
Pain perdu au caramel, 237
Pains au safran, 85
Papier aluminium, 48, 155, 229
Papier calque, 124
Papier crépon, 134
Papier de soie, 94, 134, 146
Papier fantaisie, 49, 92, 111, 197, 199, 200
Papier récup, 129, 134
Papier rocher, 34
Papillottes, 80
Paquets cadeaux, 128, 133
Paraffine alimentaire, 205
Parfum, 73, 161
Pastilles, 98, 130
Pâte à modeler, 36
Pâte à sel, 72
Pâte de fruit, 29
Patinoire, 38
Peinture, 97, 156, 158, 192
Père Noël, 176, 186, 188, 249
Perles, 183
Petits souliers, 110
Photo, 144
Pinces à linge, 86, 94
Plâtre, 36
Polystyrène, 95
Pommes, 212
Pommes d'amour, 70
Pommes de pin, 41
Pompe à l'huile, 218
Pomponettes, 81
Pots, 12, 102, 106, 107, 164, 183
Poudre de marbre, 36
Pudding, 65
Puzzle, 121

R

Raisin, 235
Recyclage, 227
Réveillon du nouvel an, 230
Ronds de serviette, 199
Rubans, 113, 122, 123, 126, 129, 138, 150, 154, 159, 200

S

Sablés, 60, 121, 152, 196
Sainte-Barbe, 164
Sainte-Lucie, 84

Saint Nicolas, 80
Sangria blanche, 233
Sapin de Noël, 22, 180, 226
Sculpture de glace, 52
Sets de table, 142, 202
Skaï, 115
Solidarité, 166
Soupe de réveillon, 236
Spéculoos, 83
Springerle, 61
Stickers, 183
Stollen, 67
Strass, 153

T

Thé de Noël, 121, 149
Timbres, 142
Tissu, 26, 46, 110, 139, 166
Traditions
- Allemagne, 61, 67, 180
- Alsace, 60, 168
- Amérique, 186, 249
- Angleterre, 65, 110, 136
- Belgique, 81
- Chine, 48
- Espagne, 235, 240, 250, 253
- Grèce, 241
- Italie, 252
- Japon, 136, 139
- Jura, 87
- Provence, 164, 217
- Russie, 249, 251
- Suède, 52, 84, 86, 204, 226
- Suisse, 48
- Thaïlande, 238

Traditions de Noël, 30, 43, 58, 80, 87, 110, 152, 176, 179, 186, 191
Traditions du nouvel an, 238, 242, 244, 248, 253
Tricot, 87
Truffes en chocolat, 63
Tubes, 47

V

Vassilopita, 241
Verres, 99, 206
Vin chaud de Noël, 7
Vin d'oranges, 147
Vitrine, 143

Crédits iconographiques

p. X : © Akg-images

p. 2 : © Collection Kharbine-Tapabor

p. 9 : © Akg-images

p. 14 : © Collection IM/Kharbine-Tapabor

p. 16 : © Collection IM/Kharbine-Tapabor

p. 20 : © Akg-images

p. 33 : © Mary Evans/Rue des Archives

p. 42 : © Archives Toutain/Leemage

p. 44 : © Akg-images

p. 52, 106, 162 et 206 : © Jean Bernard/ Leemage

p. 53 : © Collection IM/Kharbine-Tapabor

p. 54 : © Collection IM/Kharbine-Tapabor

p. 57 et 67 : © Akg-images

p. 59 : © Costa/Leemage

p. 61 : © Collection IM/Kharbine-Tapabor

p. 75 : © Akg-images

p. 76 : © Galerie Jean-Claude Martinez

p. 78 : © Collection IM/Kharbine-Tapabor

p. 82, 83, 127 et 149 : © Collection Kharbine-Tapabor

p. 85 et 144 : © Collection Jonas/ Kharbine-Tapabor

p. 88 et 89 : © Akg-images

p. 90 : © Fototeca/Leemage

p. 101 et 182 : © Mary Evans/ Rue des Archives

p. 102 : © Mary Evans/Rue des Archives

p. 113 : © Archives Toutain/Leemage

p. 116 : © Selva/Leemage

p. 118 : © Leemage

p. 131 : © Mary Evans/Rue des Archives

p. 132 : © Akg-images

p. 137 : © Collection Kharbine-Tapabor

p. 140 : © Collection Kharbine-Tapabor

p. 172 : © Mary Evans/Rue des Archives

p. 174 : © Collection Dagli Orti/Museum of the City of New York

p. 185 : © Imagebroker/Leemage

p. 190 : © Akg-images

p. 193 : © Rue des Archives/Varma

p. 194 : © Rue des Archives/CCI

p. 197 : © Mary Evans/Rue des Archives

p. 203 : © Akg-images

p. 208 : © Galerie Jean-Claude Martinez

p. 213 : © Galerie Jean-Claude Martinez

p. 216 : © Galerie Jean-Claude Martinez

p. 219 : © Galerie Jean-Claude Martinez

p. 222 : © Collection Dagli Orti/Bodleian Library Oxford

p. 224 : © Lee/Leemage

p. 232 : © Galerie Jean-Claude Martinez

p. 237 : © Galerie Jean-Claude Martinez

p. 245 : © Bianchetti/Leemage

p. 246 : © Selva/Leemage

p. 250 : © Lee/Leemage

p. 256 : © Akg-images

p. 258 : © Akg-images

p. 284 : © Akg-images

p. 286 : © Lebrecht/Rue des Archives

Bercée par les **traditions des Noëls alsaciens** de son enfance, Denise Crolle-Terzaghi a rassemblé dans ce livre une myriade d'**astuces et de recettes personnelles**. Grande voyageuse, elle nous transmet également ici l'héritage de tous ces **rites venus d'ailleurs** : Allemagne, Russie, Suède, Japon…

Travaillant depuis plus de vingt ans dans l'édition et la presse magazine, elle est l'**auteure d'une vingtaine de livres pratiques** sur le thème du « faire soi-même ». Son dernier ouvrage, *1001 secrets de bricolage*, vient de paraître en mai 2010 aux Éditions Prat.

IMPRIM'VERT
Votre imprimeur agit pour l'environnement

Achevé d'imprimer
en septembre 2010
par L.E.G.O. S.p.A
Lavis, Italie